成長を実感できる
「アカウンタブルに働く力」

外資系で自分らしく働ける人に一番大切なこと

Competence to Work Accountably

宮原伸生
Nobuo Miyahara

ダイヤモンド社

はじめに

これからのハピネスを手に入れるために、日本のビジネスパーソンに知っておいてほしい大切なこと

日本企業を早いタイミングで離れ、海外に留学し、外資に転じるとしたら、どのようなキャリアを歩み、どのような考え方になるものか……。もしかすると私の場合は、ほかとはちょっと違うケースと言えるかもしれません。

大学を卒業し、最初に就職した会社は日本の大手広告代理店、博報堂でした。5年勤務した後、休職して自費でアメリカにMBA留学。卒業後はコンサルティング会社のマッキンゼーに転じました。

その後、ベネトンスポーツ、日本コカ・コーラ、LVMH（モエヘネシー・ディアジオ）を経て、ケロッグの日本法人の社長を7年、さらにイギリスのGSK

（グラクソ・スミスクライン）コンシューマーヘルスケアの日本と韓国の社長を8年務め、2018年半ばに退任しました。

30年近くをいわゆる外資、グローバル企業で過ごしたわけですが、その間、私は多数の日本のビジネスパーソンを見てきました。

外資を選んで来る人たちは、成長志向、学びの機会、実力主義、ドライな人間関係、スピード、人脈、ネットワーク、やりたい仕事ができる、といったメリットを求めて来た人が多かったように思います。日本企業には停滞感、閉塞感があるから次善の策として、という人もいました。

外資に対する私の印象は、少し違います。グローバル企業で働くことで、「人間にとって大事なことが学べる」というのが、私が強烈に感じたことなのです。

その根本には、グローバル企業は人や組織について、さまざまな研究や試行を繰り返している、という現実があります。だからこそ、グローバル企業で仕事をする日本の人たちには、「人間、そして自分とは何かを考えられる機会を面白がってほしい」と考えてきました。ところが残念なことに、今や、グローバル企業に就職することはファッションの一部になっているように見えます。

実際、外資が就職先の人気ランキングに入るようになっています。あるとき、ビジネス誌でコンサルティング業界特集が組まれ、マッキンゼー、ボストン コンサルティング、ATカーニーなどのコンサルティング会社が紹介されていました。その中には、それぞれの会社の採用面接ではこういう服装が好まれる、こういうタイプが会社のカラーに合っている、といった就活ノウハウの記事もあって、仰天したこともあります。私に言わせれば、グローバル企業の本質はそんなところにはまったくありません。多様性を求めますから、むしろそういう決めつけを好まないのです。

また、安定を求めて外資にやってくる人がいる、ということも耳にするようになりました。世界的に大きな会社ならつぶれることもなく安心だろう、という発想なのでしょう。これには強く違和感を持たざるを得ませんでした。

振り返ってみてあらためて思うのは、日本のビジネス社会はグローバルのビジネス社会とは、考え方、やり方があまりに異なっているということです。今は令和の時代ですが、平成の時代はもとより昭和の時代から、日本社会はいろいろなものがアップデートされていないのではないか、とも感じるのです。外資、グローバル企業はどんどん進化しているのに、日本は若い人も含めて、昭和の感覚のままなのではないか、と。

社会が変わっていくときには、いろいろなことを考えなくてはなりません。考えなければラクチンです。

しかし、**そのラクさに甘えて変わることができず、考えることもせず、アップデートもうまくいかず、結局、成長力が落ち、それとともに自信を喪失してしまった。これが、今の日本の状況のように思えてなりません。**

もとより、ビジネスパーソンの働く環境は日本でも大きく変化しています。デジタル化の波、グローバル化の波、先行きが見えにくい、まさにVUCA[*1]の時代を感じます。ビジネスにはとにかくスピードが求められ、アジャイル[*2]な組織だけが勝つ時代と言われています。生産性が低いままでは生き残れません。

採用環境も大きく変わっています。大学生が一斉に集団お見合いのように就職活動をし、最初に入った会社に定年までいることが当たり前だった終身雇用の時代は終わりました。

世界ではめずらしい日本の新卒一括採用の慣行は、ある意味のセーフティネッ

＊1：Volatile（不安定）、Uncertain（不確実）、Complex（複雑）、Ambiguous（曖昧）の頭文字をつなげた言葉。今の世界の状況を端的に示す。

＊2：Agile Organization。組織に方向性が徹底され、効率的につながり、学び、テクノロジーを駆使してダイナミックに動く組織こそが、勝ち抜くという指摘。

トとして残るとは思います。しかし、今は、自分で働きたい会社を選択できる自由恋愛の時代になっているのです。転職はごく当たり前のことになり、好きな会社、好きな仕事に移っていく人も少なくありません。

その結果として、付加価値を出せる人材をめぐっては激しい獲得競争、いわゆるタレントウォーが起きています。魅力的な環境を作っておかなければ、企業は人材をとどめておけません。自由恋愛ですから、情熱が冷めたらどんどん出て行ってしまいます。

そして年功序列が崩れ、誰もが役職に就ける時代は終わりました。組織やマネジメントも変化し、フラット化[*3]がどんどん進んでいます。ポジションが減り、多くの人は中流（ミドルクラス）にもなれない、将来が見えないという状況になっています。この傾向は、今後ますます強まっていくことでしょう。

その一方で仕事の高度化が進み、ＡＩの導入も加速する中で、複雑で、簡単にはできない内容の仕事を求められるようになってきている。しかも、素早くやらなくてはならないのです。

こうした激しい変化に適応できず、メンタルを壊してしまう人も出ています。心が折れる職場で、うつ病を原因に職場を去る人も少なくありません。これは日

＊3：2005年、トーマス・フリードマンによって指摘された世界の潮流。グローバリゼーション、テクノロジー、新興国など、さまざまな力によって世界がフラットになり、国・企業・個人に大きな影響を与えると説いた。

本で特に目立つ現象です。*4

そうして明らかになったのは、もはや簡単な「成功」など望めないということです。「こうすればうまくいく」と鼓舞する本は書店にあふれていますが、すぐに成功する方法などないということに、多くの人が気づいています。

結果として、ハピネスを感じられない人が増えています。しかし、それはビジネスにおける成功を、あまりに短絡的に設定しているからだということに、気づかなくてはいけません。こういうことも、日本人はアップデートができていないのです。大事なことは、単に成功することでも、ポジションをつかむことでも、多大な報酬を手に入れることでもないのです。

仕事を通じて自分自身を知り、学びながら変革し、貢献できていることを自ら評価できることであり、そこに充足感が得られること。これこそがまさに、「人間にとって大事なこと」なのです。それを私は外資で学びました。教えてくれた外資に、私はあらためて感謝しています。

では今、日本のビジネスパーソンに何が必要なのか。**日本企業も外資も経験し、いくつか組織のトップも務めてきた私が、これまでの自分の働き方を振り返り、**

＊4：職場におけるうつ病自体は世界的に増加傾向にあるが（全国健康保険協会調査）、日本の場合は離職理由のトップにうつ病が挙げられている。米国ではわずか。

いろいろなことを整理して思い至ったコンセプトがあります。それは「アカウンタブルに働く力」です。

私は、ビジネスパーソンとしてこれからの時代を生き抜いていくために、これからのハピネスのためには、「アカウンタブル」を意識して働くことが大切だと思っています。

「アカウンタブルに働く力」とは何か。どうすれば人間としてのハピネスを感じられるのか。それを明らかにするために本書をまとめました。

なお、本書では「外資」と「グローバル企業」を同義で使っています。また、カタカナ用語や英語がやや多く登場しますが、外資でよく使われるキーワードのイメージや雰囲気を伝えるために、あえてそのまま使っています。

この本を通じて、外資系企業に関心を持っている人はもちろん、「今のままでいいのか？」と感じている日本のビジネスパーソンに「働くことを通じて成長できる働き方」を伝えていきます。

宮原伸生

目次

外資系で自分らしく働ける人に一番大切なこと

第1章

本気で信じ、共感できるか

第4章 本気で成長を目指せるか
——Keyword 4 自己成長・変革欲求

第5章

ストレス対策でなく、エネルギーを管理する

第6章

ストーリーが外資系で果たす重要な役割

終章

「アカウンタブルに働く力」を実現させるために必要なこと

序章

外資で、もがき続けて見つけた「新しい働き方」

日本の大企業に勤めていて、突然鳴り出したアラーム

振り返ってみると、数年おきに、「このままではいけないぞ」「いずれ立ち行かなくなる」「長くは続かないんじゃないか」「このままだと良くないことが起こる」と、直感的なアラームが自分の中で鳴り響いていました。

最初のアラームは、東京大学に入学したてのときです。私は長崎の出身です。大学に入り、周りを見渡して驚いたのは、多くの学生たちが、官僚だ、銀行だ、弁護士だと、すでに卒業後の進路を決めていたことです。法学部の授業で先生が教壇から冗談を言うと、大教室に笑いの波がワーッと広がっていくのにも驚かされました。地方出身者の私には、それは巨大な官僚組織のミニバージョンに思えました。

このままみんな同じような〝エリート〟になって、同じように一生を過ごしていく。では、自分もその一員に加わりたいのか。そんなふうになりたいのか。答えはノーでした。

そこで教養学部教養学科に転籍しました。教養学科は、最近見直されているリベラルアーツ[*1]の草分けです。小さなクラス編成で学際的にいろいろな分野を学び、

＊1：Liberal Arts　社会を生き抜くための基礎教養。学際的教育で特にグローバル人材には不可欠とされる。

フィールドワークと称してあちらこちらを旅しました。

就職先は大手広告代理店の博報堂でした。当時はバブル経済前夜。広告業界自体に、今よりはるかにゆとりがありました。マーケティングの仕事をしましたが、本当に面白かった。先輩たちからたくさんのことを学びました。

ただ、5年ほど勤めてマーケティング・プランナーをしていたとき、またアラームが鳴り出したのです。

大手自動車メーカーで、宣伝ではなく、販売組織を活性化するプロジェクトに携わることになりました。いろいろ考えてプレゼンテーションをし、得意先の広告部長は「まぁ、いいんじゃないでしょうか」と言ってくれたのですが、営業本部長の反応はまるで違いました。

「まったくダメだ。リアリティがない。君たちは何もわかっていないない」

そう言われて、私はドキリとしたのです。実のところ、このプロジェクトを遂行するにあたって、漠然とした不安と後ろめたさを感じていました。自分は財務に明るいわけではないし、営業についてもたいした知見を持っていない。

あらためて思ったのは、自分はビジネスの一部しか知らないということです。

広告という狭い世界のことしかわかっていない。そして、このままずっと博報堂にいていいのか、と考えるようになりました。

このとき思い浮かんだのが、ビジネススクールへの留学です。休職して自費で、UCLAのビジネススクールに行きました。日本がバブルの絶頂に向かう時期です。15人ほどいた日本人留学生はほとんど企業派遣で、華やかな生活をしていました。私はお金がありませんから、日系人の小さな家に下宿させてもらったり、寮に住んだりしていました。それでも自分に投資していると感じられる、充実した2年間でした。

卒業後はマッキンゼーを皮切りに、いくつかの消費財の事業会社でさまざまな経験をしましたが、その後も、時代が変わり、環境が変わるたびに、時折、「これでいいのか」とアラームが鳴り続けました。

まだ無名だった頃のマッキンゼーで見た衝撃

留学中は博報堂を休職していたので、卒業後は博報堂に戻るという選択肢もありましたが、たまたま大学にリクルーティングに来ていた会社があり、興味を持ちました。それが、コンサルティング会社のマッキンゼーです。

今でこそ多くの人に知られる会社ですが、当時はまったく無名でした。日本法人は大前研一さんが率いていて、ごく小さな規模でした。

正直に言って、普通の人が就職したがるような会社ではなかったと思います。そもそも、コンサルティングというビジネスについて知っている人が少なく、クライアントの理解がまだまだ進んでいなかったのです。

初めての転職、初めての外資系、そしてマッキンゼーという会社は、私にとって衝撃的な経験でした。

とんでもなく頭のいい人、頭のキレる人たちがたくさんいたからです。代表の大前さんもそうですし、後にコンサルタントとして名を上げた人、政治家になった人も在籍していました。正直、「これは大変なことになったぞ」と思いました。

博報堂時代は、クライアントの窓口は宣伝部やマーケティング部、営業部だったわけですが、マッキンゼーでは経営企画室になります。プレゼンテーションにはクライアントの社長が出てきます。それに対して説得力のあることを言わなければなりません。しかも、自分の知らない業界にも行きますから、担当するたびに、その業界について研究しなければいけない。

さらに、**マッキンゼーのフィーは高額です。企画書にしてみたら、1枚単価が数十万円になったりもする。だから、厳しく教え込まれたのが〝バリュー〟を明示することでした。どんな価値を生み出せるか、ということです。そして、マッキンゼーのミッション。ファクトとロジックに基づき、クライアントの長期的利益を徹底的に追求する姿勢です。**

どうすればバリューを出せるのか、当時の私は四六時中考えていました。バリューを出すためには普通のことではいけない、特別なことを考えないといけないと、大きなプレッシャーをいつも感じていました。

在籍した4年間に5プロジェクトほどに関わりましたが、すべてが大変でした。人生で最も働いた時期です。その後、いろいろな仕事をすることになりますが、マッキンゼー時代が肉体的にも精神的にも最もハードでした。激しく罵倒されたりもしましたが、最も鍛えられたと思っています。

マッキンゼー東京オフィスは当時も外国の会社というよりは、みんながグローバルシチズンのような雰囲気でした。世界中のオフィスと情報や知見をシェアしていける。世界中のどこのオフィスであっても、マッキンゼーらしいやり方、考え方があり、マッキンゼーの価値観でつながっていることが実感できました。なるほど、グローバル企業とはこういうことなのか、こうやって働いていくのか、と思いました。そして今でも、マッキンゼーアルムナイ（卒業生）のネットワークは学びの機会になっています。

Up or Outではなく、Grow or Out

マッキンゼーなどのコンサルティング会社をはじめとして、**外資について"Up or Out"（昇進するか、辞めるか）という言葉をイメージする人も少なくないようです。**実際には、そういうことが明確にどこかに書かれているわけではありません。"Up or Out"のUpが何を意味しているのか、はっきりしていないところに注意が必要です。**私の感覚ではむしろ"Grow or Out"（成長するか、辞めるか）だと思っていました。現実にそうでしたし、そうじゃなければ意味がないと思います。**

実際、外資に勤めている人の中には、〝鍛えられて成長している感じ〟を口にする人が多く、それを外資で働くメリットに挙げます。外資でマーケティングをやっている友人は、「毎日、ジムに通って筋肉がついていているという感覚」と言っていました。とにかく、〝鍛えられ感〟は満載です。

また、ビジネス上のコミュニケーションの相手が企業の幹部たちばかりですから、会社の本丸を見ている、深い世界が見えている、という実感が間違いなくありました。

ただ、若い者が会社の上層部の人たちと対峙することには限界があると、私は感じていました。相手をのんでかかるようなことは、とてもできないからです。

しかし、クライアントと同じ視点に立っていては、大胆な仮説を立てることはできません。オペレーショナルに可能なのか、ということばかり考えていたら、思い切ったアイデアは出てこないのです。

その意味で、ある種の大胆さ、図太さや強引さのようなものが、コンサルタントには必要になる。ですから、マッキンゼーでパートナーの道に進むのがいいのかと考えたとき、自分には難しいのではないかと思うようになっていきました。

そんなとき、マッキンゼー時代のクライアントだった外資系企業の担当者がべネトンスポーツの社長になり、マーケティング・マネジャーをやってみないかと声をかけてくれたのです。これがまさしく転機になりました。この会社でマーケティングの実務を経験できたことで、その後の道が開けていきました。

規模にもよりますが、外資で働く者にとって転職は、日本の会社で事業部を移るのと感覚的には同じだと私は思っています。事業部は大きなものも小さなものもありますが、事業部を変わると新しいことが学べたり、それまでとは違う面白さを感じられたりする。そういう感覚です。

かつて、日本の伝統的な会社に勤める友人から、「会社をたくさん変わるね」と言われたことがありますが、自分としてはそういう意識はありませんでした。同じ路線の中で少し広がっているだけの印象です。

実際、マーケティングという路線は同じで、ちょっと新しい刺激が増えたり、フィールドが変わったり、というのが私の職歴だと考えています。また、グローバル企業は似ていますから、ケロッグでも、コカ・コーラでも、GSKでも、同じ言葉を使っているというか、作法が同じなので、それほど苦労はないのです。

GSK時代に、ある部下がこんなことを言っていました。日本の会社で辞令をもらって偉くなっていくのとは違って、外資は自分でキャリアを築いていく感じになれるのがいい、と。私も同感です。大事なのは学ぶ姿勢を失わないことです。入社したはいいけれど、途中で勉強をやめてしまったり、そこに安住してしまう人は、外資には向いていません。もちろん、会社に長く勤めて経験を積み重ねることはとても大きな価値ですが、ただ時間をやり過ごして成長が止まっているような人は評価されません。

学ぶ姿勢があるかどうかは、すぐにわかります。仕事をいくら一生懸命にやっていても、そこから何かを学ぼうとしているか、時間が過ぎるのを待っているだけかは、わかってしまうのです。学ぼうという人には、グローバル企業には学ぶチャンスもリソースもふんだんにあります。それだけに、学ばない人が余計に目立ってしまうのです。

特に日本人の課題として、グローバル企業のネットワークをうまく使えない印象があります。グローバルに広がっているプラス面に目を向けて、それを積極的に活用したほうがいいのですが、言葉の問題もあり、日本にこだわりすぎてしまうのです。

また、自分のことをネガティブに捉えてしまうのも、日本人にありがちな残念なケースです。せっかく力があるのに、自分の可能性を狭く捉えてしまって、そこから先に進めない人がいます。

これしかできない、できそうにない、というのでは先には行けません。特に若い人であれば、足りない部分はこれから加えていこう、強くしていこう、という発想を持てばいいのです。

転職で最も大事なのは、業界を知るための「1年目」

ベネトンスポーツから始まって、LVMHのモエヘネシー・ディアジオ（現在）、コカ・コーラ、ケロッグ、GSKと数年おきに会社を変わっていったわけですが、会社の数が増えるごとにレジュメ（経歴書）が良くなっていく、という印象を私は持っていました。

マッキンゼーを出て事業会社に入ったのはいいけれど、これからどうなるんだろうか、という気持ちがずっとありました。世の中がはっきり見渡せているわけでもない。そこで、ヘッドハンターに会ってみたり、本を読んだりしました。

ここにずっといるわけじゃない。いることが正しいわけでもない。では、自分に何ができるのか。ずっともがいていた、と言っていいと思います。

だから、ということもありますが、会社を変わるにあたっては、報酬についてはほとんど気にしていませんでした。大事にしていたのは、その会社の商品やブランドに関心があるかどうかでした。それが仕事のモチベーションに大きく関わるからです。

そしてLVMHに移ってからは、マーケティング・ディレクターではあったものの、営業企画も見ていたので、次第に会社経営に興味が向かうようになりました。ただ、どこまで行ってもマーケティング・ディレクターはマーケティング・ディレクターで、全部を見られるわけではありません。数字の責任は究極的にはありませんから、いずれは社長をやりたいと思うようになり、そのための模索をしていくようになりました。

そして43歳のとき、日本ケロッグの社長に就任しました。人や組織、自分がそれまでやったことのなかったサプライチェーンなど、いろいろなことを含めて会社経営は面白いなと思いました。

50歳でGSKの日本のコンシューマー向け事業のトップに就任した時、世界中のジェネラル・マネジャーを集めた会議がアイルランドでありました。このとき、当時のアンドリュー・ウィッティCEOがとても面白いことを言っていたのを覚えています。

「ジェネラル・マネジャーというのは、A or Bじゃないんだ。A & B & C & Dなんだ。いろいろなことをやるから、ジェネラル・マネジャーなんだ。1つしかできないのは、シングル・マネジャーだ」

優先順位はありますが、社長はいろいろなことができないといけない。経営者を目指すなら、そういうキャリアを作っていかなければいけないということです。実際、人、サプライ、セールス、カスタマー、マーケティングなど、幅広くいろいろな機能を理解していなくてはいけないのが経営です。そして、そこにこそ面白さがあるのです。

転職について強く思うのは、「転職して1年目」の大切さです。もっと言えば、「半年間の勝負」です。この間、徹底的に勉強しなくてはいけないし、結果を出さないといけない。あまり時間はありません。アクセルを一気に踏み込まなければいけないのです。

転職してきたばかりだから、などという言い訳はまったく通用しません。むしろ反対に、ずっとここにいたかのような振る舞いをしなければいけません。ガッと結果を出し、みんなの信頼を得て、ようやくスタートを切れるのです。だから、最初の半年間はとにかく懸命に働く。外資転職の重要な心構えです。

うまくいかない人に共通する「焦り」や「力み」

長く外資系で仕事をしていて、うまくいかない人も数多く見てきました。そういう人には共通項があります。私自身の反省も含めて、ですが。

それは**「成功」を求め、報酬やポジションなどを基準に動いてしまうことです。外資は実力主義だからと言いながらこういう考えに陥ってしまう人は、基本的にはうまくいかないケースが多い、ということに気づきました。大きな報酬や急激な昇進を期待して動くのは、特に若い時期にはとても大きなリスクになるのです。**

報酬を強く意識しすぎたり、何年以内にどのポジションになるなどと過度に力んだキャリア意識を持つと、それが実現しないと焦ったり、会社とハードな交渉をしたりして、関係がまずくなることが少なくないのです。焦りや力みが、かえって悪いサイクルを生み出してしまう。それでは本人も周りもアンハッピーです。

大事なのは、自分自身に向き合うことです。自分がどう成長するか、どんなことをやってみたいのか。それを考えられる柔軟な心を持つことです。そうすれば、もっと地に足がついた日々を過ごすことができます。

いわゆるプロモーションというのは、自分から売り込むものではなく、誰かが引き上げてくれるものです。しかるべき仕事をしていれば、必ず誰かが見ていてくれる。そのチャンスを待っていればいいのです。

外資ではダイアローグとヒューマンスキルが不可欠

外資系のリーダーというと、トップダウン型のイメージを持つ日本人が多いようです。しかし、今はまったくそんなことはありません。むしろ、周囲の言葉にきちんと耳を傾ける人たちが多い。**今の日本の外資系企業でリーダー層になっている人には、実は謙虚な人が多いという印象を私は持っています。もちろん、業種によって異なるので一概には言えませんが、往年のアメリカ映画に出てくるような、我欲が前面にドーンと出るような人は稀です。**

では、どういう人が外資で評価を得ているのか。一つ間違いないのは、人間的魅力、ヒューマンスキルのある人です。この点に問題のある人は、百害あって一利なしと見なされます。

外資では、ダイアローグ、アクティブリスニング[*2]**のようなスキルが奨励されます。**それは結局、課題解決にあたって問題を幅広く見て、思考のレンジを広くして選択肢を出し、結論を出すやり方、いわばリニア（Linear：直線）ではなくラテラル（Lateral：水平）な思考スタイルが求められるからです。相手の意見を上手に引き出しながら、自分の意見を挟んで実のある議論に持っていく。

ここで間違えてはいけないのは、ディベートではないということです。ところが、日本人は議論になるとすぐに、ディベートのように勝ち負けを意識する傾向があります。英語での議論になると、焦ってなおさらそうなります。

だからこそ、情感を巧みにコントロールできることが重要になってきます。いくら頭が良くて、分析的な思考に優れていても、情感が薄くマインドレスの人たちは支持されませんし、評価もされません。それは、グローバル企業では、エモーションやモチベーションが物事の実行＝ビジネスの成功を左右すると考えられているからです。

＊2：Active Listening（積極的傾聴）米国流カウンセリングの手法の応用。聞く能力はコーチングでも重要とされる。

余談ですが、実は私もマッキンゼー時代、よくこんなことを言われてきました。

「面白みのない人間になるな」「情感が薄い人間では、人は動かないよ」「難しいクライアントでも、その人のお母さんのことを思って、人間としてその人を受け入れないといけない」

これらの言葉は私の中に強く残り、後に私自身も、「顧客であれ、上司であれ、取引先であれ、その人の背景にあるものを、しっかり見ていくことが大事だよ」と部下に言うようになりました。

その際に実行したいシンプルな心がけがあります。それは「あなたのことに関心がある、好意を持っている」というオーラを出していくことです。作用・反作用の働きで、こちらの出方次第で相手の受け止め方はまったく変わるものです。

しかし、こうした情感の出し方が苦手な人もいるようです。日本社会は多様性に乏しく、「あ・うん」で相手に伝わる環境の中で育ってきたことが大きいのかもしれません。

ある会社で部下を海外に送り込んだ後、「彼はどうかな」と先方のマネジャーに聞いてみたら、「うーん」と言われたことがあります。「マインドやエンゲージメントが、ちょっと物足りないな」と。つまり、人間力が不足していたのです。

ロジックで評価されていたとしても、ロジックではない世界があることをしっかり認識しておく必要があります。

周囲に対して情感をうまく出していくためにも、自分自身のコントロールが重要になります。まずは、自分をきちんと知ることです。自分の強み、弱みはもちろん、傾向、欲求、今の心理状態などを常に深く理解していることが大切です。

こうしたセルフ・アウェアネス[*3]がトレーニング・プログラムとして組まれている会社もありました。自分を見つめるプロセスは、意外にやらないからです。しかし、そのまま過ごしてしまうと、自分をよく知らないままに行動することになりかねません。

なぜ外資は給料が高いのか

「外資は日本企業よりも総じて給料が高い」というイメージを持っている人も少なくないようです。給与自体の単純比較は難しいのですが、おそらく効率や生産性が高いから、給料も高いということになるのでしょう。

＊3：Self Awareness　最近のオーセンティック・リーダー論から生まれた、内的・外的な自己認識の必要性を説くコンセプト。

人事制度が年功序列ではなく、合理的に組み立てられているということもあるでしょう。また、アウトソーシングや仕事の選り分けを行って、付加価値の低い仕事をどんどん社外に出していくこともあります。

日本企業では管理職になると現場を離れるケースも多いようですが、外資の多くはそうではなく、マネジャーはかなり実務に沿って仕事をします。だから、管理職もとてもよく働きます。これもまた、付加価値を大きくしている要因の一つです。

さらに、重要なポイントとして、外資で働く人たちの仕事に対するモチベーションの高さも挙げられます。外資は終身雇用ではないから[*4]、愛社精神が薄いのでは、と考える人もいるようですが、そんなことはありません。あらためて思うのですが、終身雇用であればロイヤルティは高まるのでしょうか。その結果、生産性は高まるのでしょうか。もっと言えば、終身雇用であれば会社のため、自分のために、高いモチベーションを持って働くようになるのでしょうか。私は、必ずしもそうではないと思っています。

日本企業では、会社の事業内容やミッションに必ずしも賛同していない人が働

*4：外資といえども日本の法人は日本の労働法規に従うため、外資だから短期雇用を強いるということではない。ベテランも重用される。会社に永続的にしがみつくことを是としないカルチャーのこと。

いて（あるいは働いているふりをして）いないでしょうか。会社の知名度や職場の雰囲気（仲間意識や家族主義）が好きなだけであって、商品やブランドそのものへの愛着から仕事を頑張ろうというモチベーションは意外に低いのではないでしょうか。逆説的に言えば、職場はとても大事な居場所と考えられ、そこから疎外されることは大きな心理的ダメージになってしまいます。

外資の場合は、働く人のライフステージにおいて、その会社（もしくはブランド）のミッションやバリューに共感して、自分の意志で期間限定的にプロジェクトに参加して一生懸命働きます。そこには大きなコミットメントとエネルギーがあると思います。

昔ならある程度まで行けた人が行けなくなる

日本企業では、終身雇用、年功序列が崩壊したと言われています。経済界の頂点に立つ経団連会長自身が、そんな話をしている。さらに、ＡＩの登場で多くの仕事が奪われてしまうのではないか、という声も聞こえてきます。働く人たちが揺れています。

これから日本企業では、どんなことが起きるのか。少なくとも、これまでであれば当たり前のように、ある程度のポジションまで自動的に行けていた人が行けなくなる可能性が高い、ということは言えます。

頭がよくて、高学歴で、真面目に働くだけでは、昔のようには遇してもらえない。快適で安定していた世界が崩れていくのです。そのことに気づいている人も少なくないと思います。

この変化は、「お見合い結婚」から「自由恋愛」への変化だと私は思っています。そのことを会社側もすでに言い出しています。

日本企業はこれまで、社員と「お見合い結婚」をしてきました。学生は就職活動を通じて行きたい会社とお見合いをする。そして、内実はよくわからないのだけれど、その会社がいいなと思って入社する。会社も、書類選考と試験、短時間の面接で採否を決める。入社後に会社の色に染めていけばいいからと考えている。とにかく頭数を確保したら、あとは時間をかけて染め上げる。だから給料も安定していた。これが「お見合い結婚」の時代です。

ところが、これから始まろうとしているのは「自由恋愛」です。会社もそうしようと言っている。これは、お互い気に入って一緒になったけれど、嫌なところ、相性の合わないところが見えてきたら、さっさと別れる＝退職するようになったということです。実際、大企業においても新入社員の3年以内の離職率は3割を超えると聞きます。[*5] すでにひずみ、静かな反乱が起きているのです。

終身雇用が前提ではないので、〝期間限定の仲間〟になります。こうした労働環境で大切なのが、自分というものを常に持っていることです。そして、自分の人生は自分で決めていく心構えがなくてはいけません。

「お見合い結婚」の時代は、会社の色に染まっていればよかったし、会社が人生を決めてくれました。じっとしていても、会社が踏むべきステップを組んでくれたのです。

「自由恋愛」ではそうはいきません。自分でしっかり考えなければ成長できません。そして成長できず、力をつけられなかった人に、ポジションが与えられることはありません。何も考えなくてもある程度のポジションまで行けた人が、行けなくなる可能性が高いというのは、こういうことです。

外資はもともと自由恋愛の環境です。自律的にどんどん成長していこうと努力する人たちがあふれています。のんびり構えていては取り残されてしまう。

＊5：大卒新入社員3年以内の離職率は31.8%（2015年）、23.0%（1993年）。厚生労働省調査。

とはいえ、競争でギスギスしているのとは違います。例えば、日本コカ・コーラに入ったとき、私が真っ先に言われたのは、こういう言葉でした。

「あなたがここで成功するよう、最大限のヘルプをするよ」

こういう言葉が、ごく普通にかけられる。一生面倒見るよと言うのではなく、とにかく10年は下働きに励めという雰囲気もない。その代わり、成長せずにダラダラと10年、20年もいるのはやめてくれよ、というのが外資の正直な思いでしょう。だから"Grow or Out"なのだと思います。

成長すればチャンスはあるのです。ずっと進歩しないでいることが、最大のリスクです。自由恋愛は、相手から常にシビアに見られます。ほかにいくらでも相手はいるからです。自分の魅力をしっかり理解してアピールし、それを認めて応えてくれる会社で仕事をする。これからは、日本企業にもそういう時代が来るのです。

平板な成功ではなく、仕事の充足感をつかめる「アカウンタブルに働く力」

自由恋愛で入社し、退社していく社員が増えるようになると、力のある社員にはどんどんポジションが与えられていきます。きちんと遇さなくては、会社を辞めてしまうからです。

外国人を含め、中途採用も多くなるでしょう。自由恋愛の市場でもまれた人たちが入社してくるので、社内競争は厳しくなります。同じ努力を続けているだけでは、同じようには評価されなくなることも考えられる。つまり、日本企業も「グローバル化・外資化」していくということです。もちろん、日本独自の規範や文化は残るとは思いますが、全体の流れとしてはそうなるでしょう。

こうした変化の中で働くビジネスパーソンにとって、どのようにキャリアを積んでいくことがハピネスにつながるのか、私はずっと考えてきました。自分自身のキャリアとワークスタイルを振り返り、いくつかの大切な要素があることがわかりました。

それらを統合する考え方として提唱したいのが「**アカウンタブルに働く力**」と

いうことです。自分が納得できて、心身も潤う。周囲からも理解され、支持される。部下にも認められる……。そんな新しい働き方、生き方のコンセプトです。

似た言葉に「アカウンタビリティ」があります。これには「説明責任」というやや不自然な訳がつけられていますが、組織やチームなどに対しての責任を言うときに使います。一方、「アカウンタブル」な働き方、生き方と言う場合は、自分自身に対しての責任、という意味合いが強くなるところがポイントです。

「アカウンタブル」には明解な訳語がないのですが、主体的、自分がオーナーシップを取る、自分を大事にする、といったニュアンスを私はイメージしています。

自分にアカウンタブルであれば、結果として相手にもアカウンタブルになり、仕事にも、会社にもアカウンタブルになります。

そして、「アカウンタブル」な働き方を考えるときには、職業人生の成功をあまり平板にイメージしてはいけません。ポジションや報酬などの外的評価を主軸にして考える必要はないのです。

そうではなく、いかに仕事の充足感を得るか、いかに人生のハピネスを手に入れるか、ということを意識することが大切です。そういう意識を持って仕事と人

アカウンタブルに働く力

2つのコア・マインドセットと4つの重要スキル

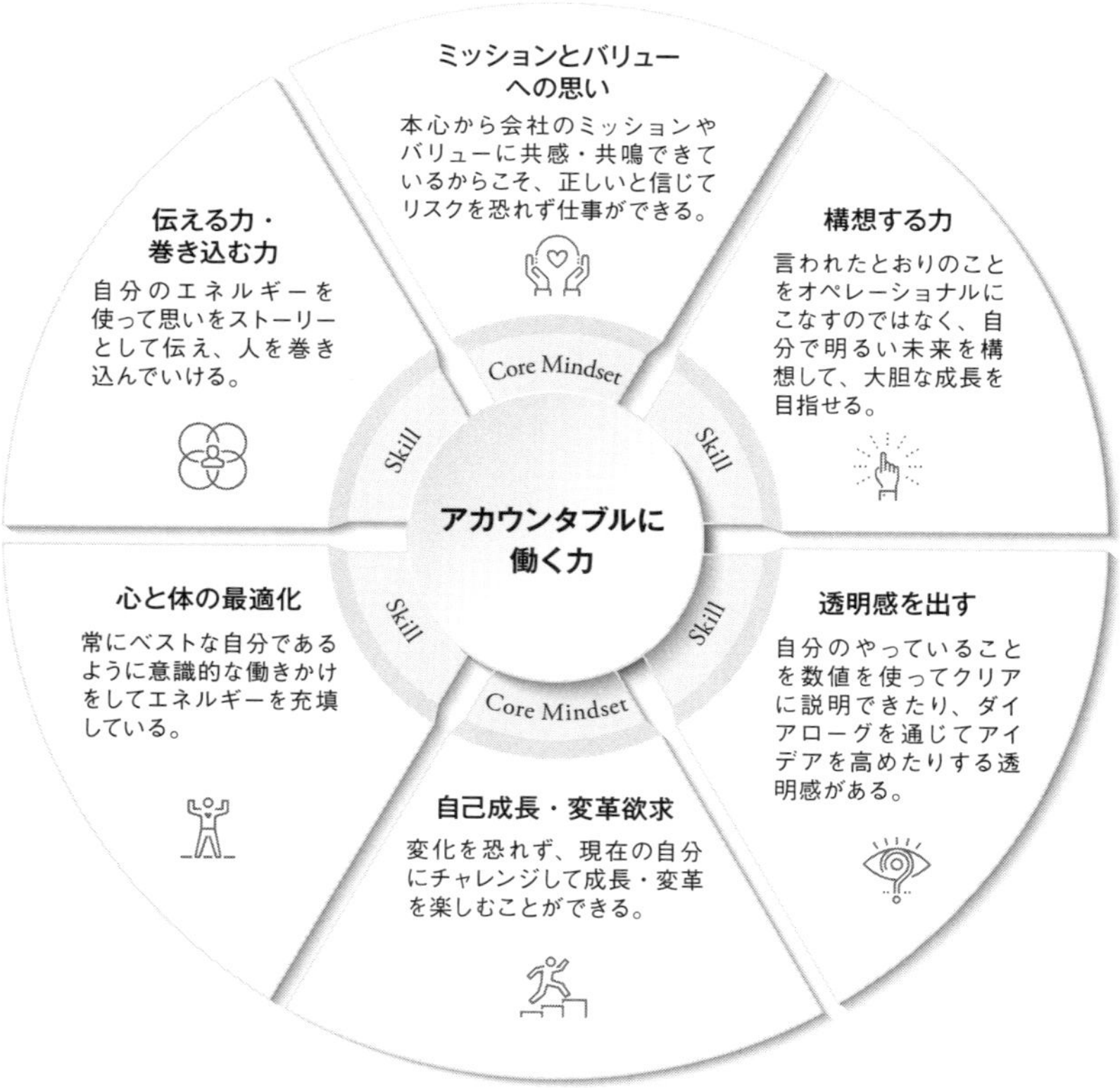
ミッションとバリューへの思い
本心から会社のミッションやバリューに共感・共鳴できているからこそ、正しいと信じてリスクを恐れず仕事ができる。
構想する力
言われたとおりのことをオペレーショナルにこなすのではなく、自分で明るい未来を構想して、大胆な成長を目指せる。
透明感を出す
自分のやっていることを数値を使ってクリアに説明できたり、ダイアローグを通じてアイデアを高めたりする透明感がある。
自己成長・変革欲求
変化を恐れず、現在の自分にチャレンジして成長・変革を楽しむことができる。
心と体の最適化
常にベストな自分であるように意識的な働きかけをしてエネルギーを充填している。
伝える力・巻き込む力
自分のエネルギーを使って思いをストーリーとして伝え、人を巻き込んでいける。
Core Mindset
Skill
Skill
アカウンタブルに働く力
Skill
Skill
Core Mindset

生に向き合える人こそが、結果的にハピネスをつかみ、自分が心から納得できる成功を手に入れられるのです。

「アカウンタブルに働く力」を身につけるためには、6つの要素が必要だと私は考えています。「ミッションとバリューへの思い」「構想する力」「透明感を出す」「自己成長・変革欲求」「心と体の最適化」「伝える力・巻き込む力」です。

次章から、「アカウンタブルに働く力」に必要なこの6つの要素について解説していきます。また、それがなぜなかなかできないのか、という阻害要因についても触れたいと思います。

外資で見つけた「新しい働き方」のポイント

①自分が出せるバリューとは何なのか

マッキンゼーで厳しく教え込まれたのが〝バリュー〟を明示すること。どんなバリューを生み出せるか、どうすればバリューを出せるのか、四六時中考えた。

② Up or Out ではなく、Grow or Out

「昇進するか、辞めるか」ではなく、「成長するか、辞めるか」。外資は〝鍛えられ感〟が満載。

③外資の転職は、日本の会社で事業部を移る感覚

日本企業でも事業部を変わると新しいことが学べたり、それまでとは違う面白さを感じられたりするような感覚に近い。

④学ばない人は外資では目立つ

仕事をいくら一生懸命にやっていても、そこから何かを学ぼうとしているか、時間が過ぎるのを待っているだけかは、わかってしまう。学ぼうという人には、グローバル企業には学ぶチャンスもリソースもふんだんにある、それだけに学ぼうとしないと目立つ。

⑤「転職して1年目」が大切

もっと言えば、「半年間の勝負」。この間、徹底的に勉強しなくてはいけないし、結果を出さないといけない。アクセルを一気に踏み込まなければいけない。

⑥外資では、ダイアローグ、アクティブリスニングが重要

相手の意見を上手に引き出しながら、自分の意見を挟んで実のある議論に持っていく。

⑦会社と個人は、「お見合い結婚」から「自由恋愛」の関係へ

外資はもともと自由恋愛。自由恋愛は、ほかにいくらでも相手はいるから相手から常にシビアに見られる。しかし成長すればチャンスはある。日本企業も同様に変わりつつある。

第 1 章

本気で信じ、共感できるか

Keyword 1　ミッションとバリューへの思い

なぜグローバル企業はミッションを大事にするのか

「アカウンタブルに働く力」を養うための最初のキーワードは、「ミッションとバリューへの思い」です。会社のミッションやバリューにどのくらい目を向け、意識し、共感し、伝えられるか。さらには、自分のミッションやバリューをどのくらい意識できるか、ということです。実は、これは外資で働いていく精神的エネルギーの源になる6つの要素の中でも、コアとなるものです。

私が大学を卒業して入社したのは博報堂でしたが、会社がどんなミッションやビジョン、バリューを大事にしているのか、意識することはありませんでした。当時の多くの新卒社員がそうであったように、〝面白そう〟で入ったわけです。

ところが、外資のマッキンゼーに入ったとき、入社初日にミッションとバリューの話をされたことを今も覚えています。そして、こんな話をされました。

「会社のミッションやバリューというのは、暗闇を歩くときの提灯みたいなもの。迷ったり、転んだりするのを避けるためにある」

後に別の会社では、「何か重要な決断に迷ったら、会社のバリューに照らし合わせてみろ」とのアドバイスをもらいました。人に関して非常に難しい決定をするときに、あえて「バリューに照らしてみると……」と話したこともあります。

逆に言えば、ミッションやバリューがないのは、提灯もコンパスもないということなのです。周りが見えずに転んだり、重要な決断に迷ってしまったりしかねません。

だからグローバル企業では、ミッションやバリューをとても大事にします。背景にあるのは、グローバル企業が世界中に展開しており、多種多様な文化的背景を持つ人たちが働いているので、それをまとめていくのに格別の努力をしなければならないということです。自然にはまとまらないのです。

今日、世の中は本当に複雑になっています。古典的な経営戦略に従って物事を決めて、それをとにかく実行すればいい、などという単純なやり方ではもう通用しません。

そんな中でより大事になっているのは、スピードであり、柔軟性であり、精緻な実行力など、プラスアルファの力です。このとき、社員をまとめて1つの方向に向かわせるのに、ミッションやバリューが大きな意味を持ってくるのです。

また、顧客はもちろん、株主、投資家、政府、パートナーなど、さまざまなステークホルダーに対して、自分たちはこんな会社であるということを明確にアピールして、信頼を得る必要があります。それには数字だけでなく、会社の思いや意志、目標を表す言葉が必要になります。グローバル企業はその重要性を肌身に感じているのです。だから、ミッションやバリューを考えるとき、力の入れ方は半端なものではありません。時間も使いますし、お金も使います。

日本企業の場合は、新卒で会社に入ると「家族」の一員になって、数十年の長期にわたり同質的なコミュニティの中で働き続けます。「あ・うん」でわかり合える風土が根本にあるので、あえて明確な言語化に頼る必要はありませんでした。

しかし、**期間限定パートナーシップを雇用の前提とする外資系企業では、そこで何をするのか、何をしてほしいのかを言葉で明示する必要があります。どんな意識を持つ仲間を迎えるのか、あるいはどんな会社の仲間になりたいのか、が重要になる。それが社員のロイヤルティやモチベーションを大きく左右することになるからです。**

ミッションやバリューはとても大事なもので、部下や周囲にきちんと伝えていくべき深い言葉であることが多いのですが、日本人の場合はそれを口にすることに「照れくささ」を覚える人が多いようです。

しかし、最近になって若い人たちの間では、就職先を決めるときにもミッションやビジョンをしっかり意識する人が増えてきています。会社が何を目指していて、社会にどう貢献していくのかを、知りたい人が増えているのです。

勤める以上は自分たちの会社に誇りを持ちたい。だから、目指すものをちゃんと知りたい。そんな思いは、これからますます強くなるはずです。

必要なのは、思いを自分の言葉で語れること

グローバル企業では、リーダーとして人を率いる立場にある者は、ミッションやバリューを正しく伝える伝道師（エヴァンジェリスト）であることが求められます。

「この数字を出さなくてはいけない」と言うだけでは、今の人は動いてくれません。どうしてこの仕事をやる意味があるのか、を語れないといけないのです。

もちろん、具体的に今何をすべきか、リーダーは部下に指し示す必要があります。しかし、そのときにちょっと引いた目線で、自分たちが何であるのか、何を

しようとしているのか、について俯瞰するメッセージを発信しなくては、部下は本気で動いてくれません。

ただし、この手の話は格好つけて言おうとすると〝空回り〟してしまいます。自分の問題に結び付けて、無理のない形でうまく伝えていくコミュニケーション力が必要になるのです。

恥ずかしがったり、斜に構えて「まぁ、これはこれとして」と、すぐに話をそらしたりすることは、絶対にしてはいけません。そうすると同僚や部下は、「あぁ、この人は本当はわかっていないんだな」と思ってしまいます。

大切なのは、思いを具体的な行動に落とし込んでいく力です。1つ例を挙げましょう。私がGSKのコンシューマ部門の社長をしていたとき、事業の1つに義歯ケアがありました。同社のミッションは〝To help people do more, feel better, live longer〟でした。私も、とても気にいっているミッション・ステートメントです。私たちの役割は、人がもっといろいろなことができるようにお手伝いをすること。そうすると気持ちが高まり、長生きができるという意味ですが、義歯ケアはこのミッションにとても合致している事業なのです。

義歯ケアを通じて口腔を健康に保つことで、ちゃんと食べたり話したりできれば、肉体的にも精神的にも元気になる。ただ単に「義歯ケアの製品を売りなさい」と言うのと、「こういうミッションの下でこの製品は作られているんだ」と言うのとでは、どちらが社員のモチベーションを高めるでしょうか。

そして、このミッションを伝える際には、できるだけ自分の生活や周囲の出来事などに結び付けて、部下がより実感できるようにすることをリーダーには求めていました。例えば、「自分の祖母が義歯だった」とか、「歯医者さんに行ってこの話をしたら、とても賛同してもらえた」という話から入っていく。そうするとミッションをより理解しやすくなるし、リーダーのミッションへの思いも伝わります。

ところが、意外にこれが難しいのです。ついつい、「ミッションでこううたっているから」「社長が大事にしろと言っていたから」などと、他人事として伝えてしまう。するとメンバーは興覚めしてしまいます。

残念ながら、こういうリーダーはメンバーから尊敬されません。せっかくモチベーションを高められるミッションがあるのに、それを信じていない。「お題目だろ」などと考えてしまう。結果として部下に、この人はミッションを理解していない、伝える力がない、と思われても仕方がありません。こういうチームでは、良い結果を出せません。

日本人がこういうことがあまり得意でないのは、ミッションやバリューへの思い入れに温度差があることに加えて、そもそも概念を突き詰めるスキルが不足しているということがあるのでしょう。概念的な話が苦手なのです。「なぜ」を重視する教育を受けていないから、というのもあるかもしれません。努力・工夫して結果が出ればいいという「現実主義的」な考え方が中心で、原理原則にあまり関心がない。原理原則と言うと、屁理屈のように捉えてしまう人が多いように思います。

ただ、**世の中がどんどん複雑になっていく中で、原理原則の持つ意味はこれまで以上に大きくなっています。だから、それをちゃんと理解し、そこに込められた思いを具体的に落とし込む力が重要になってきているのです。**

Practice

原理原則に基づいて、概念を掘り下げて考えられる具体的な行動の合理的な選択肢を考えてみよう。原理原則が「なぜそうなっているのか」と問いかけるところから始めよう。

ミッションとバリューで選ばれる外資

日本人がミッションやバリューのような概念的な話が苦手なのは、それが日本の会社で重視されてこなかったということも大きいと思います。終身雇用が長く続いた日本では、いったん会社に入れば長く安定的にそこで働くことになり、時間をかけて会社に溶け込んでいけばよかった。

真面目に良い製品を作るために、日々の業務を確実にこなしていくうちに、会社の家族的な雰囲気にもなじんでくる。壁に張り出された社是や社訓はあっても、概念的な何かで組織をまとめていく必要はなかったのです。

ところが雇用環境が変わり、**「どうしてこの会社に勤めているのか」が問われるようになりました。自由恋愛で自分で選んだ会社なのだから、自分自身のモチベーション・エンジンは、自分で作らないといけない。**上司から言われなくても、自ら進んでミッションとバリューを理解し、行動して結果を出すことが大切になってきます。言ってみれば、一人ひとりのリーダーシップが重要になるのです。

グローバル企業は、人のモチベーションが会社の大きな成功要因の1つだと認識しています。商品やテクノロジーは今、国や企業間でどんどんフラット化しています。他社との競争に勝つには、戦略を実行する社員のモチベーションが大きな意味を持ってくるのです。

一方、グローバル企業で働く社員の意識もはっきりしています。ほかの外資からマネジャークラスを中途採用する際に、「ミッションやバリューがはっきりしていない会社は選ばない」と言われることが少なくありませんでした。

おそらく、グローバル企業でミッション、バリューに則って仕事をすることが身についているのだと思います。だから、それがあいまいだと「気持ちが悪く」なるのです。

グローバル企業でよく使われる言葉に、"Trust Deficit" というのがあります。直訳すれば「信頼の欠乏」です。消費者は、もはや簡単に企業を信じてくれない。社員も簡単には会社を信じなくなっている。信頼がとても稀少な資源になっている、ということです。

だから、社員の信頼を築き上げていくためにも、ミッションやバリューが大きな意味を持ちます。社会、世の中に何をもたらす会社なのかを明確に打ち出しているからです。

今は優秀な人材を企業間で取り合う時代です。優秀な人材を獲得できるかどうかが、ビジネスパフォーマンスに大きく影響してきます。ミッションとバリューが、そのまま業績にも直結するのです。

ミッションやバリューがあると、それに縛られるのではないかと考える人もいますが、実は逆です。ミッションやバリューがはっきりしていると、そこからずれなければ自由に考えて行動できます。そういう選択肢の広がりにつながる。むしろ、ミッションやバリューがあるから仕事がしやすくなるのです。

日本には昔から「言霊」という言葉があるように、言葉を大切にする、豊かな言葉の文化がありました。和歌や俳句の世界もそうです。しかし、ビジネスにおいてはあまり言葉を大事にしているとは思えません。言葉に徹底的にこだわっているのは、むしろ外資のほうです。言葉の持つ強さ、影響力の大きさをよくわかっている。それゆえ、ビジネスにおける概念やフレームワークはそのほとんどが欧米で生まれているのです。

グローバル企業は激しく進化している

結局、**世界を動かしているのは、言葉で表現される概念（コンセプト）なのではないか、というのが長く外資で働いてきた私の率直な印象です。メッセージ性が必要で、論理・理屈だけでは人は動かなくなっている。**これは世界共通の現象です。

1980年代に、アメリカは製造業の競争で日本に負けた後、徹底的に日本を研究しました。そして、日本の良いところに学びながら、新しいものを作り上げていきました。**テクノロジーだけでなく、組織の動かし方やリーダーシップの考え方も進化させてきました。人はどうすれば動くのか、どうすれば創造性が伸びるのか、モチベーションはどうすれば高まるのか……。外資ではこの20年ほどで、こうした人間の能力開発に関わる分野が著しく発展してきました。**

同時に、これまでとは経営スタイルやカルチャーが異なるタイプの企業が出てきて、それらを実践してうまくいくことを証明しました。グローバル企業はお互いを研究し合っていますし、人の相互交流も盛んです。例えば、製薬会社であるＧＳＫでも新しい考え方を取り入れるために、グーグルやウォルマートのようなまったく異なる業界からトップの人材を採用しています。

この30年、日本企業が厳しい状況に追い込まれたのは、昭和の時代の成功体験があまりに強烈で、このままやっていけばいいんだという思考停止状態が長く続いたからだと思います。さらに、バブルが崩壊して以降は、企業も個人もサバイバルモードで現実主義に陥り、とにかく顧客を回れ、数字を上げろという声ばかりが強くなってしまいました。

社員たちも、自己保存欲求で定年まで会社にしがみつこうとして変革を否定し、若い人の台頭を妨げてしまった。

結果的に今、日本の会社で問題になっているのは、異常なまでの仕事に対する満足度の低さです。国際的な調査においても、日本のビジネスパーソンの仕事の充実度は驚くほど低い。会社の仕事に納得できているか、というエンゲージメント・スコアも惨憺たるものです。[*1]

外資では、エンゲージメント・スコアを定期的に取るなどして、仕事の充実度に関するサーベイに力を入れています。グローバルレベルで行って、国別や部門別に分析をしていきます。

私はＧＳＫで日本、韓国のトップとして売上げや市場シェアに責任を持ってい

＊1：2017年のギャラップ社の社員のやる気・幸福度の調査によれば、日本は139カ国中132位となっている。

たわけですが、同時に社員のエンゲージメント・スコアにも責任を持っていました。エンゲージメント・スコアは、自分の経営者としてのスキル、人間的な力やリーダーシップスキルを表していると考えていました。したがって、これが低いということは、リーダーとしての能力を否定されるか、クエスチョンマークがつくような、かなり恥ずかしいことです。その状態が長く続けば、業績も落ちかねません。

自分を動かすOSをアップデートする

ミッションやバリューの中身自体はそう変わるものではありませんが、組織としての受け止め方や発信の仕方、伝え方は、時代や環境に合わせて変わります。実際、**外資でもこの10年間で、ミッションやバリューの表現の仕方が大きく変わってきました。**

よりソフトになり、よりエンゲージングするようになった印象です。また、ミッションやバリューについて経営陣が延々と議論をします。最近ではビジネス用

語になっている、「マントラ」という行為です。リーダーがミッションやバリューを呪文のように、何百回、何千回と口にすることを言います。まさにお寺で僧侶が、真言を無心に唱えているイメージです。

不思議なもので、そうやって何百回も唱えたり、聞いたりしていると、しっかりと頭の中に染み付いてしまうのです。だから、伝道師としての力もついてきて、組織にその考えが広まっていくわけです。

このところグローバル企業には、経済分野出身ではないＣＥＯが次々と出てきています。哲学専攻のＣＥＯが増えてきたという記事もありました。

私が強く影響を受けたビジネスパーソンの一人、現在のＧＳＫのＣＥＯであるエマ・ウォルムズリーは文学部出身です。数字やサイエンスに対してもこだわりを持っていましたが、何より言葉や表現に対するこだわりが強かったことはとても印象的でした。

実際、投資家のレポートに、「ＧＳＫのエマは文学部出身で、マントラを駆使して組織を動かしている」という記述があったことを記憶しています。文学部出身であることがポジティブに見られているわけです。文学や哲学が、今や経営の世界でも重要になってきているということです。

また、**最近のグローバル企業では、言葉遣いにも微妙な変化が見られます。Mission（使命）の代わりにPurpose（目的）という言葉をよく見かけるようになりました。また、Code of Conduct（行動規範）をExpectation（期待していること）という言葉に置き換えている会社もあります。微妙なニュアンスの違いなのですが、ミレニアル世代を意識して、会社が押し付けるのではなく、よりエンゲージングする（巻き込む）言葉へと進化しているのだと思います。**外資はこんなふうにして、組織を動かすOSをアップデートしているのです。

これが何を意味しているのかというと、実は組織のみならず個人も、自分を動かすOSをちゃんとアップデートしていかなければいけないということです。

自分を仕事に向けて鼓舞するモチベーション・エンジンをどう作っていくか。そのためには、自分はどこに行こうとしているのか、今は何をしようとしていて、次に何をしたいのか、といったことをしっかり考え、自分を納得させなければなりません。

いわば個人のミッションやバリューのようなもの、精神的な支柱が必要になってくるのです。会社のミッションやバリューに共感するとは、それと連動した自分のミッションやバリューがきちんとあるということです。

逆に言えば、自分のミッションやバリューに合致したものを持つ会社で働けば、とても充足度の高い仕事環境になるはずです。これこそが、「アカウンタブルに働く力」につながる重要な要素になるのです。

「抽象的な議論はあまり得意ではない」「今さら青臭いことは考えたくない」「照れくさい言葉を考えてみても」……。こういう発想を頭の中から排除していくこと。数字やロジックから離れ、あえて概念的なもの、原理原則に向き合ってみること。それこそが、日本人ビジネスパーソンのOSのアップデートになるのです。

ミッションとバリューへの思いのポイント

①ミッションとバリューの外資における重要性

グローバル企業が世界中に展開しており、多種多様な文化的背景を持つ人たちが働いているので、それをまとめていくのに格別の努力をしなければならない。特に、期間限定パートナーシップを雇用の前提とする外資系企業では、そこで何をするのか、何をしてほしいのかを言葉で明示する必要がある。それが社員のロイヤルティやモチベーションを大きく左右することになる。

②ミッションとバリューについて日本人が絶対に気をつけるべきこと

恥ずかしがったり、斜に構えて「まぁ、これはこれとして」と、すぐに話をそらしたりすることは、絶対にしてはいけない。「本気ではない」と思われて、メンバーから尊敬されなくなる。

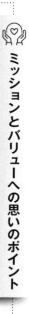

③ミッションとバリューに縛られて、窮屈になることはない

ミッションやバリューがはっきりしていると、そこからずれさえしなければよい。その範囲であれば、とにかく自由に考えて行動できる。そういう選択肢の広がりにつながる。むしろ、ミッションやバリューがあるから仕事がしやすくなる。これは、ミッションとバリューに完全に共感して入社していることが前提になる。

④外資のマネジメントは激変している

この20年ほどで、人間の能力開発に関わる分野が著しく発展した。

⑤ミッションとバリューの表現の仕方は変わってきている

よりソフトになり、よりエンゲージングするようになった。言葉遣いにも微妙な変化が見られ、ミレニアル世代を意識して、会社が押し付けるのではなく、よりエンゲージングする（巻き込む）言葉へと進化している。

第2章

求められるのは現状分析ではない

Keyword 2　構想する力

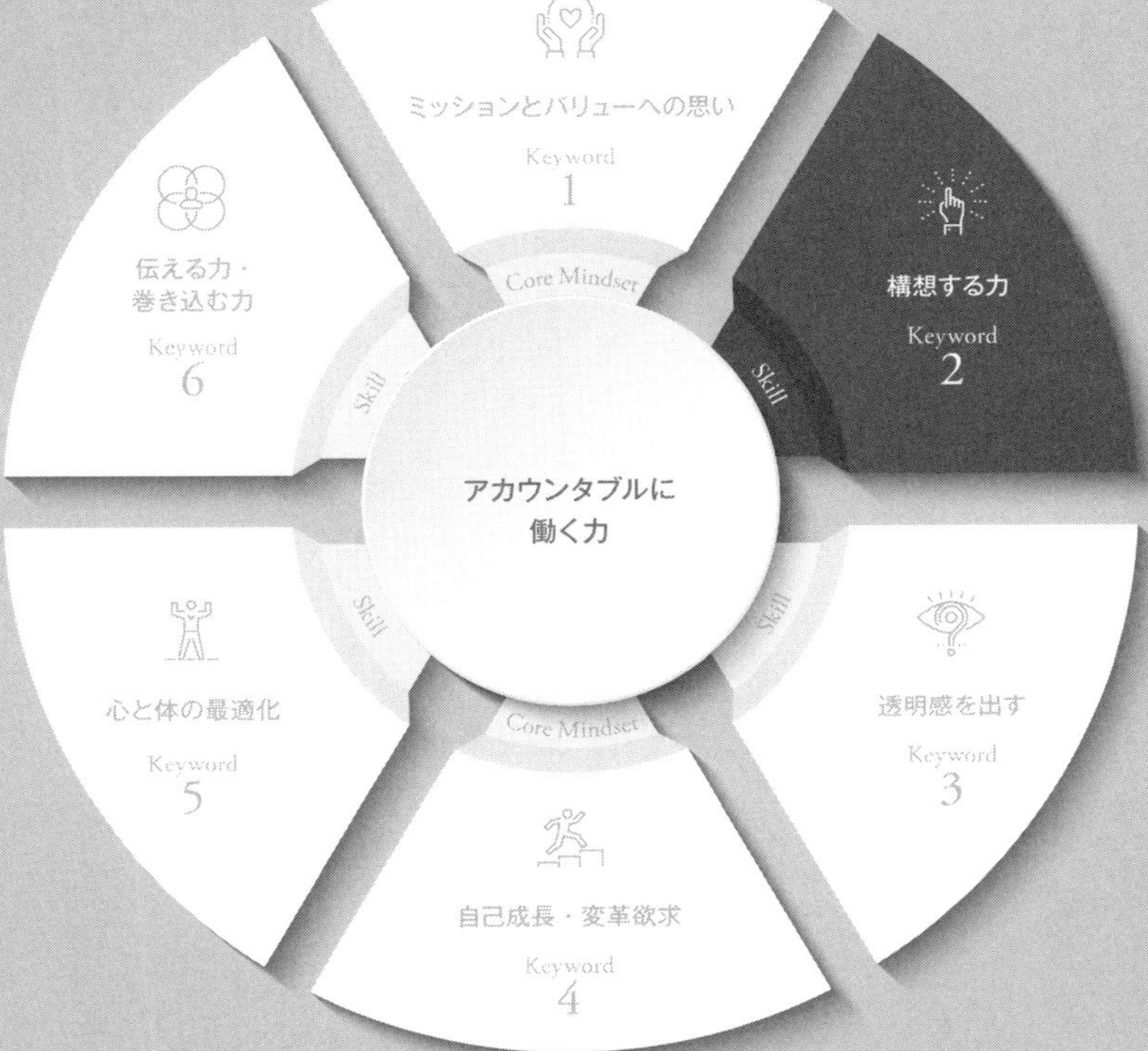

いきなり目の前のことばかり話すな

「アカウンタブルに働く力」を養うための2つ目のキーワードは「構想する力」です。日々直面するさまざまな課題に対して、その解決を通じて何を目指し、成し遂げようとするのか。それが最終的に生み出されるビジネスの価値になるわけです。とするなら、課題解決に向けて正しい分析をするだけではダメで、自分で物事を正しく構想するスキルが問われてきます。

当然ながら、分析はとても大事です。そのために、論理的思考、フレームワーク思考などが用いられるわけですが、**特に日本人が注意すべき落とし穴があると私は思っています。それは、分析したことを説明するだけで終わってしまうことです。**

外国人の幹部たちにプレゼンテーションをするとき、日本人は分析結果の説明からいきなり具体論に行ってしまいます。しかも、その具体論が控え目だったり、言い訳がましいものだったり、ネガティブな内容だったりすると、外国人はついていけません。私も、あなたの言っていることはよくわからない、と言われることがありました。

そうなるのは外国人、とりわけリーダークラスと話をするとき、「構想する力」が求められるからです。分析するだけでなく、もっと幅広く物事を見て考え、発言する。英語で言えば、ラテラル（Lateral）な思考です。リニア（Linear）ではなく、いろいろなものを組み合わせたり、いろいろな可能性を考えたりする。先を大きくイメージして見通すこと、とも言えます

必要なのは、目の前の事象についてだけでなく、俯瞰した大局観をまず語ることです。それから、分析してわかった事実を語っていく。大風呂敷を広げる必要はありませんが、そういう順序で話していかなければ、受け入れられないことが少なくありません。

最初から結論を決めてしまうのではなく、大きな構造を語ってから、先入観を加えたり、言い訳がましくしたりせずに、可能性について語っていく。

私はよく「あなたの今の議論を、Strategise して」と言われました。Strategise は Strategy の動詞形ですから、「戦略化して話してみて」ということです。「言いたいことはわかるが、もっと Strategise しなさい」と言われたこともあります。わかりやすく言えば、構造的に見せ、いろいろな可能性を俯瞰してみて、こうなるのではないか、というイメージを見せていくことです。

事実を並べて分析し、こうなっています、こうなります、と言うのは単なる説明です。説明と構想は違います。現状の説明に加えて、その先を見て大局観を示し、いろいろなオプションを示していく必要があるということです。単に説明をするだけでは、深く考えていないことの言い訳に聞こえてしまいます。

もちろん、これを完璧にやろうとすると大変ですが、何を話すかという前に、こういう考え方、順序で話していかないとグローバル企業では受け入れてもらえない、ということを認識しておく必要があります。

考えてみれば、ビジネスのフレームワークはほとんどが海外製です。これは、俯瞰して構想しようという発想から生まれてきているのだと私は思っています。普段から物事を俯瞰して見ているから、そういうものが出てくるのです。例えば、マッキンゼーの有名なフレームワークである「組織の7S」も、組織を構成するさまざまな要素の関係性を俯瞰して見るために生まれました。どうすれば俯瞰して見られるかを考えるから、そのためのフレームワークが生み出されるのです。

大事なことは、「前向きな未来」を構想していくことです。まずは基本的な態

度をポジティブにしていく。そして売上げにしても、組織にしても、もっと言えば人生についても、前向きな未来を考える。常に答えはあるという前提で向かうことが肝要です。そして、前向きな未来を実現するために何をすべきか、今何ができるのかを考える。

大きく俯瞰して、単なる言い訳的な報告で終わることなく、では何をしていくかまで考えていく。そのために「構想する力」が求められるのです。

オペレーションと「仕事」は違う

日本の経済発展の背景には、間違いなくオペレーションの優秀さがありました。決められたことを、決められた時間できっちりやる。結果として、優れたアウトプット（製品）を出してきました。

しかし、時代は大きく変わり、オペレーションは限りなくアウトソーサーかAIに委ねられるようになっています。もはや、オペレーショナル・エクセレンスだけを求めてもしょうがない。求められるのは、さまざまな分野でのイノベーションなのです。

にもかかわらず、今もオペレーションが仕事だと考えている人が少なくありません。教育の問題もあると思いますが、パソコンを使って分析レポートを書き、やってきたメールに対応する。これは単なるオペレーションです。多くの人の場合、これが仕事時間の80％以上を占めるのではないでしょうか。

やるべきことは、考えることです。起きていることをどう捉え、そこから何を、どう考えていくか。それこそが構想するということです。考えることを仕事だと捉えなければいけません。

もし、**自分だけで考えることが難しいのであれば、積極的に人と話をして、いろいろな意見を取り入れて構想すればいい。大きな構想から小さな構想まで、いろいろな方法で未来のことを考えていく。これからの仕事の中心は、構想することなのです。**

しかし、こういう仕事のやり方に日本人は慣れていません。背景には、まずは自分の責任を考えてしまうから、ということもあると思います。

実際、ある日本企業の出身者を部下に持ったとき、違和感を覚えました。構想しているように話せないのです。常に現実的な数字を押さえようとする。起きていることを分析する。それが仕事だと考えているのです。

極端な話ですが、「コミットできない数字はやりたくないので、私がコミットできる数字だけをやります」と言っているように聞こえてしまう。英語もうまいのですが、私はこの人を外国人の前に出すことのリスクを考えざるを得ませんでした。こういう語り方では、受け入れてもらえないからです。本人に悪いイメージがつくだけでなく、日本にも悪いイメージを持たれかねない。こうしたオペレーショナルな思考には気をつけたほうがいい、あなたのコミュニケーションからそれがにじみ出ている、という話をしたのですが、聞いてもらえませんでした。

自分が約束できないことは言いたくない。大風呂敷を広げる人間は嫌い。できないことを言ってもしょうがない。理由はさまざまでしょう。しかし、**可能性が少しでもあるのであれば、いろいろなオプションを示すべきです。まさにそれこそが、考えることの意味です。現状を分析して「これくらいならできます」と言うのであれば、誰にでもできます。**

必要なのは、その先を考えること、自分で構想することです。コースA、コースB、コースCと考えていって、それを提案して話を広げていく。そういう仕事の仕方をする必要があるのです。

別の若い部下は、多様な経験、バックグラウンドを持っていました。外国人とコミュニケーションをするときには、何が求められるのかを理解していました。取り入るわけでもなく、会話から新しいものが生まれてくることを感覚的にわかっていたのです。自分だけで考えても限界があるから、会話をしながらヒントをもらおう、という姿勢がその人にはありました。

結果として、この2人の部下を比べた場合、どちらのタイプが周りから支持され、成長していくかは明らかでしょう。グローバル企業では、特にシニアクラスの人材に構想する力が求められます。そこから議論をスタートさせ、ビルドオン（肉付け）していこう、というコミュニケーション・スタイルなのです。事実から忠実に導き出しただけの結論なら、資料をもらえば事足りるのですから。

明るい未来の構想、大風呂敷に慣れる

日本はバブル崩壊後の約30年にわたって、ずっとダウントレンドが続いてきました。そのために残念ながら、明るい未来を構想することに慣れていないのかも

しれません。そして真面目な人ほど、この状況を真正面から受け止めてしまう。だから、事業のこれからの成長率について語るとき、希望を込めて「5％」と言いたいけれど、無難に「2％」でということになってしまうのです。

日本人は正直ですから、普通にやるとこういうストーリーを描きがちです。しかし、このまま語ると外国人は、「それは放っておいてもそうなる話だろう。それならあなたの仕事は必要ないじゃないか」と受け止めてしまうのです。実際、そんな指摘が飛んでくることもあります。求められているのは、現状を打開することだからです。

現実主義が大切な場面もありますが、明るい未来を見ることができていなければ、構想力不足を疑われても仕方がありません。リーダーであれば、リーダーシップが足りなくて部下たちに明るい未来を見せていない、と判断されてしまうのです。

長く外資にいて感じたのは、日本人の現実保守主義の静的な世界と、グローバル企業の、世界は可能性に満ちているという見方との間に、大きなギャップがあるということでした。日本の現状はわかるが、それを変えようと考えているのか、というところが強く問われているのです。

外資の場合は、現状を維持しようとするのではなく、変化させることが前提です。何もせずにじっとしていたら、起きていることをただ受け入れているだけではないか、と思われてしまいます。

同じ日本人として、気持ちはわからなくもありません。真面目ですから無責任なことは言えないし、言いたくもない。文化的に諦観を受け入れやすいのかもしれません。

もちろん、荒唐無稽な構想は論外です。ある程度の現実味は必要ですし、内在するリスクも語る必要はあります。それらとうまくバランスを取って、夢を語れるかどうかが鍵です。「実現するにはこんなリソースが必要になる」というコミュニケーションが有効になります。

ときには、「ビジネスを画期的に伸ばすためなら人も金もいくらでも使っていいから、必要なことを言ってくれ」と言われることもあります。

これはなかなか難しい質問です。こういうときにパッと返答できないのは、多くの場合、普段からそれについて考えていないからです。頭の中で「2%成長でいいや」と大半の日本人は考えている。そういう思考に慣れ親しんでいることに、まずは気づく必要があります。

Practice

数パーセントでなく、2倍の成長を実現するとしたら何が必要？　極端な発想をして暗黙の思考の枠を取り払ってみる。

日本人が構想力を強化するために取り組むべき課題は抽象化する力であり、分析力、表現力ですが、大風呂敷を広げるのをよしとしないメンタリティを克服することも必要です。

構想する力はトレーニングでも鍛えられます。グローバル外資には会社が提供するトレーニング・プログラムが豊富にありますし、本やオンラインなどを活用して自分で学ぶ工夫をする人も多くいます。

構想する力と言うと、私はマッキンゼー時代に教わった発想法を思い出します。それは、極端に振って考えてみることです。例えば、売上げを5％アップではなく倍にするにはどうすればよいか、と考える。これを大風呂敷と考えてはいけません。それによって、無意識のうちに作っている思考の枠を取り払うのです。

大風呂敷を広げられないメンタリティには、もう一つ隠れた心理があると私は思っています。それは「ドメスティックな発想」です。言い換えれば、「どうせ外国人にはわからない」という考え方です。だから、とりあえずこの場をしのげれば……と考える。

グローバル企業には頭のいい人が山のようにいます。日本人よりはるかに鍛えられている。そういう人たちから学べる機会がふんだんにあるのに、ドメスティックな発想にとらわれていると、素直に学べなくなるのです。

そもそも日本には多様性が欠如しています。それだけ考える機会が少ないということです。インドに生まれたら、宗教も言葉も人種も違う多様性の中で生きていかなくてはなりません。[*1] 日本のような、同質的で画一化された安心感はありません。だから、自然と小さい頃からどう生きるかを考えるようになるのです。

また、インド人と日本人の構想力の差は、単純に言えば「思い切り」の違いです。自分の構想が正しいかどうかは別として、思い切ってぶつけられるかどうかの違いなのです。

日本人は、それが大きなハンディであることに気づく必要があります。もっと考えなくてはいけない。構想することをもっと意識的にやっていかなくてはいけない。そのために、自分の周りに多様性を「人工的」に作ることも1つの方法だ

*1：インドの公用語は英語と思われがちだが、実は22の公用語があり、文化のるつぼである。

と思います。

例えば、多様な職業の人が集まる勉強会に参加する。いろいろなジャンルの本を読む。海外に滞在して学ぶ。ネットでいろいろな国の人たちとコミュニケーションをとる。そうやってドメスティック思考を乗り越え、構想する力を磨くとよいでしょう。

プレゼンテーションするな!

私がマッキンゼーにいた頃は、プレゼンテーションがとても大事にされていました。クライアントの会議室には、部屋ごとにプロジェクターが置いてあり、何枚のスライドを作るかで競争するような雰囲気までありました。

ところが今日、外資では「プレゼンテーションはするな」と言われます。プレゼンテーションの資料は先に送ってくれ、と。

要するに、こういうことです。**数字やデータは資料を見ればわかる。あなたから聞きたいのは、何をどうするか、それでどうなるかのストーリーだ**、と。

それがわかっているので、私も若い社員のプレゼンテーションでこれはダメだと思ったときには、「スライドの説明ならもういい。もっと自信を持って、私はこう思っている、こうなる、こうしたい、というストーリーを話しなさい」というメッセージを伝えるようにしていました。後々、海外の幹部の前で話をする機会があるようなマネジャーには、特に注意していました。

例えばブランドマネジャーなら、与えられる時間は15分程度です。その間に、本国の幹部に向けて自分の担当ブランドの状況を、構想を交えながら話すというのは、簡単なことではありません。なかなかうまくしゃべれないのです。

それでも、訓練を重ねていくと慣れてきます。ちゃんと準備をして、リハーサルを徹底することです。

私も最初の頃は説明をしてしまい、失敗を重ねました。席を立たれることはないにしても、何も聞こうとしていない、失望している、と感じることが何度となくありました。

資料をしっかり作ること、うまく説明することばかりを考えていました。そして痛い思いをして気づいたのが、構想に絡めたストーリーが求められているのだ、ということです。

その人が構想タイプかどうかは一目瞭然です。それを分けるのは、普段からラテラルな視点で物事を考えているかどうかなのです。

自分自身を「構想」しているか

考えるといっても、大それた戦略である必要性はありません。それこそ、大事なことは日々の仕事にあると私は考えています。自分が普段やっている仕事を、ただオペレーショナルに「処理」していくか、そこに「考える」ことを加えられるかどうかです。もっと言えば、日々の仕事だけでなく、自分のキャリア設計や生き方について、ちゃんと考えているかどうかが肝心です。

構想する力と言うと、「戦略」を連想する人が多いのですが、実は日常的なことでも意識して構想してみることが、構想する力を育んでいくのです。

日常的にオペレーショナルな日々を送っていると、人生もオペレーショナルになります。言われたこと、決められたことだけをやって生きていくようになる。

怖いのは、そういう人が日本の会社コミュニティにはたくさんいることです。会社勤めで楽しいのは、ランチと終業後の飲み屋での談笑だという人もいる。そして、上から言われたことをちゃんとやっていれば定年まで過ごせると考えている人もいます。

人によっては、オペレーショナルな人生も平穏で快適なのかもしれませんが、それだけでは充足感を得られないのではないでしょうか。その意味で、**構想力のある人を間近にたくさん見られる外資で働くことは、魅力的な選択肢になるでしょう。実際、自分の考えを持っている人が多いので、ディスカッションも激しくなります。遠慮はありません。ただ、こちらの話もちゃんと聞いてくれる。みんなで意見をシェアするのが当たり前なので、誰かが一方的にしゃべることはありません。**

例えば、私がシンガポールに行ってアジアの人たちと会議をしたとします。そのときはどんどん意見を言ってもらって、深く聞くようにする。こういう視点もあるんじゃないか、こんな考え方はできないか、と言われることは、そのまま構想へのヒントになります。

ディスカッションの目的は、良いアイデアなり、プランを出していくことです。

そのために自分に何ができるのかを参加者全員が考えている。新しい見方や視点が多ければ多いほど、議論の中身が濃くなります。

だから、たくさんしゃべること、その場でのＳＯＶ（発言量）[*2]を上げることが大事なのではなくて、自分の見方はこうだ、ということをしっかり提供すればいいのです。外資でよく耳にするジョークに、「会議で難しいのはインド人を黙らせることと日本人を喋らせることだ」というのがありますが、本当はしゃべる量の問題ではないのです。

考える力、構想する力をつけるための訓練として、習慣的に本を読んで、頭に浮かんだ考えを書き出してみる、というのがあります。いろいろな本を読んで、インサイトを得るのです。ビジネス書でもいいですし、哲学の本でもいい。それを習慣にすることが大切です。

自分の考えを紙に書くのはとても大事なことです。頭の中で考えるだけでは、同じ所をぐるぐる回っているだけ、ということにもなりかねません。

Practice

本を読んで、頭に浮かんだ考えを書き出してみよう。自分の考えを頭の中にとどめるだけでなく紙に書き出してみることで、打開策が見えてくることがある。

＊2：Share of Voice　本来は広告のメディア量のシェアだが、外資では会議中の発言量のシェアの意味でも使われる。

あるいは会社の中で、良い構想やアイデアを持っている人を見つけて、学ぶことも重要です。あの考え方は素晴らしいな、すごい構想を考えるな、と素直に認めて受け入れる。

さらに、私が最も効果的だと思うのは、とにかく人前で話すことです。幹部の前でもいいし、同僚の前でもいいですから、単なる説明ではない話をしてみる。そういう話をするときには構想力が必要になります。その経験を積み重ねていくうちに、頭の中が整理されて、構想を考えやすくなっていきます。すると話がどんどんうまくなり、自信がついていくのです。ある人は、カラオケボックスに何時間もこもって、会議で自分が語るストーリーの準備をしていました。

やはりトレーニングを積むとうまくなるのです。訓練をして、話す機会をどんどん作って、自分を追い込んでいく。それが構想力と話す力を高める近道です。外資では海外での会議など、自分を追い込むチャレンジングな場が多くあります。それも外資で働くことのメリットだと思います。

構想する力のポイント

①分析して説明することがプレゼンではない

目の前の事象だけでなく俯瞰した大局観をまず語ること。それから、ファクトを語っていく。

②オペレーショナルな思考をやめる

自分が約束できないことは言いたくない。大風呂敷を広げる人間は嫌いというのは、外資では受け入れてもらえない。

③構想すべきなのは、明るい未来

大風呂敷を広げられる人に変わる。日本人の現実保守主義による静かな世界と、グローバルの、世界は可能性に満ちているという見方の間に、大きなギャップがあることを意識しておく。

④プレゼンではスライドを説明しない

スライドはもう見ているのだから、それを受けて自分はこう思っている、こうなる、こうしたいというストーリーを語るようにする。

第 3 章

オープンに数字を使って語る

Keyword 3　透明感を出す

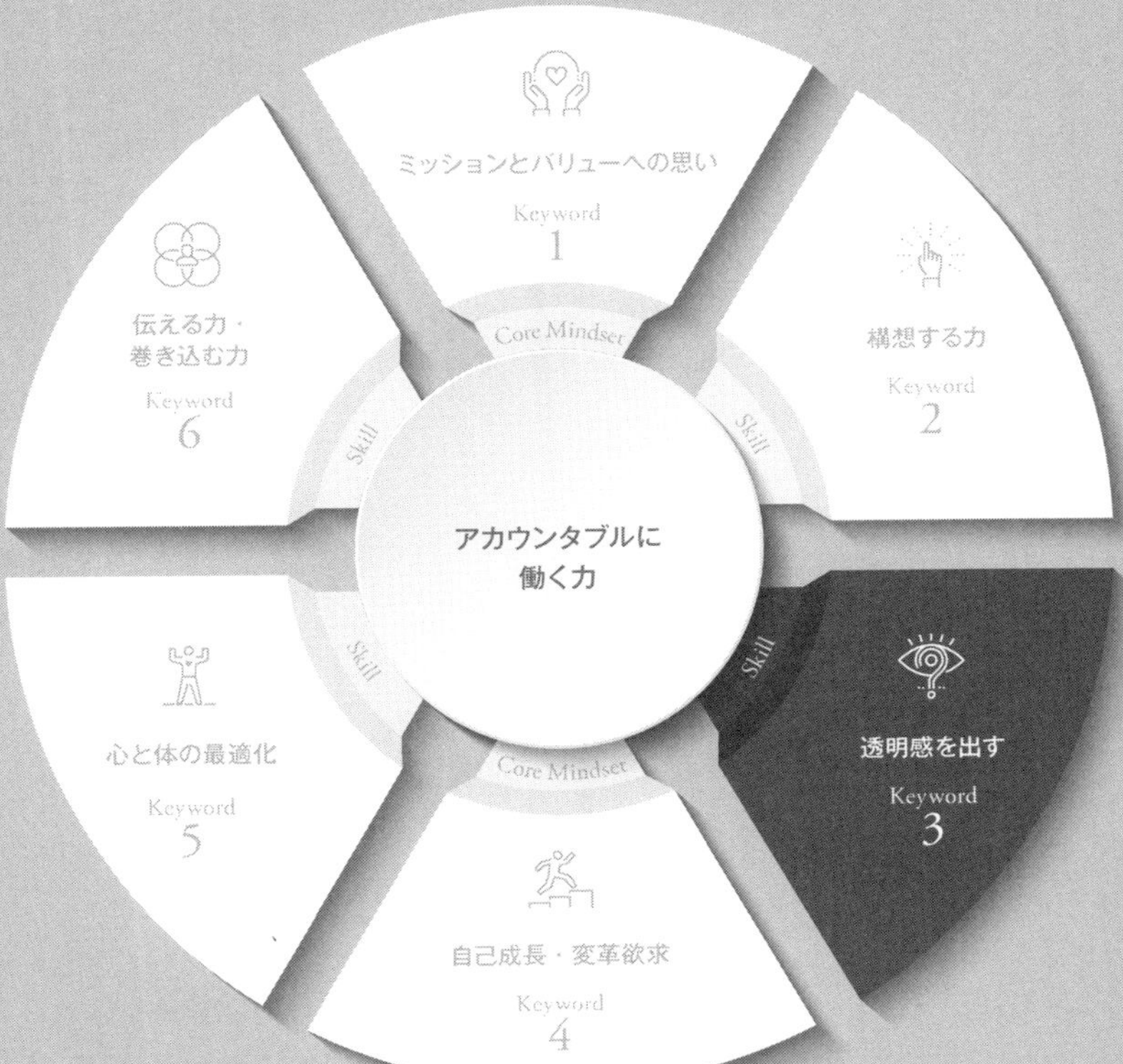

「透明感」を持つということ

「アカウンタブルに働く力」を養うための3つ目のキーワードは「透明感を出す」です。企業のコンプライアンスや企業倫理の分野では「透明性（の確保）」という言葉がよく使われますが、ここで言う「透明感」は、組織における人の行動や思考のスタイルに関わるものです。

人にしろ、組織にしろ、「透明感」というのはどこから生まれてくるのでしょうか。一つには、コミュニケーションに関わる姿勢や態度からだと思います。もう一つは、物事を明瞭に説明できる力、とりわけ数字を使ってオープンに説明できる能力です。

外資の大きな特徴として、組織はもちろんのこと個人においても、情報を積極的に内外に公開していくことが挙げられます。その背景にあるのは、企業は社会から簡単には信用されない、という認識です。だから、あらぬことで後ろ指を指されたりしないようにするためにも、当社はこういう会社である、こういう考えで活動しているということを、しっかりアピールしていく。そして、何事も隠さない。隠すと疑われるからです。

グローバル企業では、情報開示がかなり進んでいます。もちろん機密情報はありますが、それ以外はほとんど見られると言っていい。ある会社では各国のパフォーマンスやエンゲージメント・スコアまで、クリックひとつで見られる環境がありました。見るかどうかは別として、そういうオープンな姿勢が大事なのです。

社外に対しても、例えばアニュアルレポートを見ると、かなりの内容が開示されています。戦略についても詳しく書かれています。一見手の内を明かしているようですが、そうではありません。戦略の内容がわかっても、それを実行できなければ大きな差異は生まれないことがわかっているのです。投資家のほうも、企業の考え方や課題、戦略まで深く見せなければ納得しませんし、マネジメントチームも信頼されない、ということも背景にはあるようです。

例えば、GSKでは四半期に一度、会社の状況について経営陣が社員にビデオで詳細に報告していました。また、投資家とのミーティングもビデオで公開されていました。投資家からの質問にリーダーが答える姿まで公開されるのですから、社内で隠してどうするのか、という空気がありました。

外資も昔はもう少し官僚的で、大事な情報は上層部だけが握っている、という階層社会の一面がありました。それが、どんどん変わってきたのです。企業として変化にスピーディーかつフレキシブルに対応していくには、軍隊のようなカチッとした組織では難しい。ミッションやバリュー、ビジョンの下で、社員みんなが同じ方向を目指して自主的に動く有機体になるように進化してきたのだと思います。

また、人材獲得の観点からも、透明感のある組織風土は大事です。クリーンで隠さない組織、やっていることが明瞭で秘密めいたところのない組織は高い評価を受けます。優秀な人たちはそうした企業を求めるからです。

こういう組織風土の外資では、個人の評価においても、隠す人、クリアじゃない人に対しては、「透明感がない」「マネジャーとしての資質に欠ける」との評価が下されることになります。

透明感につながる思考・行動スタイルは、オープンで、外に対して開かれていることです。思っていることをはっきり口にする。階層を意識しない。外部の刺激や違う意見を柔軟に受け入れる。他人の意見や観点を取り入れる……。そんなイメージです。頑なではない、フレキシビリティに近いものがあります。

そうしたオープンさは、グローバル企業で働く人にとってとても大事な要件です。閉ざされて、頑迷な人は難しい。いろいろな国の人が働いていますから、当然ながら自分とは違う意見が出てきますし、自分のことをなかなか理解してくれない人もいる。そういう人たちに対して心を閉ざしてしまうと、周囲からは支持されません。それは本人の成功にも影響する。だから、うまく人の意見を聞くことが大切になるのです。

日本人は情報を進んで共有することがあまり上手ではありません。ポジティブにしろ、ネガティブにしろ、どうしても情報を出すときに身構えてしまう。これを出したらどうなるか、出すことに意味があるのか、と考えてしまう。

また、情報は上に行くほどたくさん持っていて、持っている人がやはり偉い、という価値観の人も少なくありません。しかし、これはもはや世界ではスタンダードではないのです。

やってはいけない「腹に一物」

透明感を出すうえで大事なことは、わかりやすさです。とにかく、難しい言葉を使わない。こうした意識も含めた開かれた「空気」が、グローバル企業では大切になっています。**日本でも、外資のオフィスに流れている空気は、やはり違うようです。あるジャーナリストは、それを「オープン、フラット、ポジティブ」と言っていました。**オフィス環境も戦略的に考える外資は多いと思いますが、働く人たちが醸し出す空気かもしれません。

反対に、最もやってはいけないのは、「腹に一物」のような対応です。

例えば、ミーティングでいろいろな意見が出て、結論が得られたにもかかわらず、自分は納得していないし、合意もコミットもしていない、と考えている人がいます。みんなに合わせるために、とりあえず薄笑いでうなずいていたりする。

特に日本人は「納得できないけど、とりあえず黙っておこう」と、ついついやってしまいがちです。しかし、こうした「腹に一物」は、外国人たちにはバレているのです。当人の本心は、表情やボディランゲージに出てしまうものです。

自分とは違う意見に対しては、リスペクトを持って反対だと言い、しっかり議論をする。そして決まったことには、みんなでしっかり従う、というのがグローバル企業のルールです。ここで納得できずにすねているような態度を示すと、周囲からは受け入れられません。これはルール違反ですから、未熟な人と思われてしまうだけです。

オープンであることは、グローバル企業で仕事をエンジョイするために必須の能力です。そもそもグローバル企業の職場環境は、人間はみな同じという考えで成り立っています。この観点に立つと、インド人の言うことも、中国人の言うことも、イギリス人の言うことも、何か良い点があるに違いない。そこから学ぼうという気持ちになる。これこそがオープンさの原点です。

以前、インド人の社長が来日したとき、社員を集めてタウンホール・ミーティングのようなことを行いました。そのとき、日本の社員が「グローバルカンパニーで成功する要因は何ですか」と質問し、社長はこう即答しました。

「何より大事なのは、オープンさとフレキシビリティだ」

日本人の「腹に一物」には、言葉の問題もあるでしょう。英語で反応できない。あるいは、自分がこんなことを聞いていいのか、と階層を意識して発言をためらったりする。海外で行われている経営陣と社員のタウンホール・ミーティングなどを見ると、若い人でも会社の戦略や組織について、自分で考えたシャープな質問をけっこうしています。これはオープンなスタイルへの慣れの問題が大きいと思います。

外国人と一緒にミーティングをしていて、少しでもわからなかったり、必ずしも同意していないときには、「ごめん、ちょっとついていけない」「その意見には乗れない」と言えばいいのです。そうすると、「そうか、どこがわからない?」「言ってくれてありがとう」と返されることが少なくありません。自分の心情を素直に伝えるほうがいい。それはむしろ、ポジティブに評価されます。

理解できない自分が悪い、などと考える必要はありません。日本人は真面目すぎるのです。

意見も、思い切ったことを言ったほうがいい。それこそが積極的な貢献です。そうすると、「よくぞ言ってくれた。これで議論が深まった」と言われることが多いものです。

外資=トップダウン、なんて時代は過去

日本では今なお、昔の外資のイメージを引きずっている人がいます。1980年代から90年代ごろまでは、日本では外資はネガティブなイメージを持たれてい

たように記憶しています。

中央集権的で高圧的な本社。外国人が組織を仕切り、その外国人にペコペコする英語ができるだけの日本人。会社の雰囲気がガツガツしていて、人間関係も希薄。トップダウンが激しくて、日本企業のコンセンサス方式とは対照的……。

しかし、今はすっかり変わりました。世の中が複雑化して、多くの意思決定をトップが行っていくことが難しくなりました。**昔のようなトップダウンの仕組みでは、グローバル企業はうまく回らなくなっているのです。そのため、権限はどんどん委譲され、トップの役割はミッションやバリューを通じて会社のカルチャーを変えていくことになっています。**

英語が話せるだけの日本人がペコペコしている、などということもありません。ペコペコしていると良いイメージは持たれません。主張がない、意見がない、何も考えていない、と思われてしまいます。今、グローバル企業が日本人のリーダーに求めているのは、一緒にビジネスを創り出していくことです。グローバルビジネスのゲームに、一緒に参加してくれる人。基本的に、日本のことは任せたというスタンスなのです。

また、本国のマネジメントボードに日本人が加わることも増えています。かつての、外資でうまく立ち回って高い給与を稼ぐ「外資ジゴロ」のような人がいた時代には、考えられなかったことです。グローバルのことを理解しながら、うまくやっていく。そういう人が求められているのです。

そして外資は、プロ経営者も数多く輩出してきました。いろいろな外資のトップを務めるだけでなく、最近では、日本の大企業のトップを務めるような人もいます。今のグローバル企業には、多様な人を受け入れる柔軟性があるのです。そして、その姿を部下は見ています。すると、部下も自分が何をしなければいけないのか、気づいていきます。

昔は、「外国人はわかっていない」「日本はグローバルとは違うんだ」と言って一線を引く、心理的鎖国状態の上司もかなりいたようです。だから、哲学的なミッションやビジョンにも本気で共感することができない。時代にも乗ることができない。こういう上司を見ていると、部下もおかしな影響を受けてしまいます。

しかし、今の外資にこんな日本人リーダーはいません。日本の外資の空気は、大きく変わっているのです。

数字を縦横無尽に使いこなす

グローバル企業の透明感につながる特徴の1つに、何でも数値化することがあります。**数値化し、数字で物事を語ることにより、透明感は増していきます、数値を使うと煙に巻くような話はできなくなりますから。これも外資で働くうえで必須の能力です。**

外資にいる人なら一度は聞いたことがあるフレーズに〝What's measured can get done〟というのがあります。「数字で測ることによって物事は実行される」という意味です。

面白いのは数値化（インデックス化）の工夫です。例えば、ある会社で世界的に〝フラット化〟を目指して組織変更を行ったときの話です。世界中に数万人いる組織で、トップのCEOから始まって現場の営業担当者まで何階層あるかを計算したのです。さらに、マネジャー1人当たりの部下の人数も組み合わせ、この2つの係数でフラット化指数を出し、フラット化の促進を図りました。

数値化すると、良いことも悪いこともはっきりしますので、悩ましくはあるとは思います。しかし、数値化しないとわからないこともあるし、数値化しているからこそはっきりと状況が見えてくることもある。だから外資では、常に数字を意識するようにトレーニングされます。

マッキンゼーに入ったときも、「東京都内にラーメン店が何軒あるか」という質問が、上司からいきなり飛んできました。しかも、「制限時間は10分」と言われる。これはエクササイズです。ラフなものでかまわないので、とにかく数値を出す。それを習慣化するための訓練なのです。不確かな事象を、ラフにでも数値化する方法を見つけられる能力は、ビジネスにおいて大きな意味を持ってくるのです。

ところが日本人には、こういうアプローチに抵抗感を持つ人もいます。私も時折「これはどんな数字になると思う？　ラフでかまわないから」などと投げかけたのですが、困惑して黙り込む人がけっこういました。

「いやぁ、不正確な数字を出しても。数字が独り歩きするのはイヤなので」などという言い訳が返ってきたこともありました。

大事なことは、計算方法について頭を巡らせることであって、正確な数字を出してくれと言っているわけではない

Practice

日本のラーメン店が何件あるかを考えてみよう。どのような論理で計算するかを考えてみることが重要。

るわけではないのです。ざっくりと数字をイメージし、数字で把握することが大事なのです。

日本人はこういうところでも真面目に、正確な数字にこだわろうとする。間違えたくないと考えてしまう。それをどういう理屈で数値化していくか、論理や概念に頭が向かわないのです。先ほどの組織のフラット化もそうですが、必要なことは、どうしたら数値化できるのかを論理立てて考えることです。

日本の会社も同じだと思いますが、リーダーになり、マネジャークラスになると、「数字に強いこと」がとても大事になります。数字と自分の考え（構想）を交ぜ合わせながら議論をすることが求められるようになるからです。

実際、私が見てきたグローバル企業の経営トップたちは、例外なくとても数字に強かった。細かな数字でも把握していました。そもそも外国人は、数字に対してシビアです。日本人はちょっとおっとりしている。緩さがあるのです。どうしてこんな大事な数字を覚えていないのか、あなたのビジネスじゃないか、などと追及されることもある。数値化し、数字にこだわっていくクセをつけていくことが必要です。数字の裏付けがなければ、説得力は高められないのです。

ＫＰＩは目的ではなく、達成のためのツール

日本人はもちろん、目標としての数字にはとても敏感で、強いこだわりを持っています。ここでも真面目さが生きている。しかし、数字をうまく使ってストーリーを組み立てたり、数字の中にあるものに興味を示したり、万国共通の言語として数字をうまく使いこなすことは、実は得意ではないようです。

外資では、それぞれの組織が持つＫＰＩ（主要業績指標）はもちろん認識しているわけですが、目前の数字だけでなく、前回はどうだったか、他の国と比べてどうだったか、どこに課題があるのか、ということまで理解していなくてはなりません。

それができていないと、「彼は数字をグリップしていない」というコメントを周囲からもらうことになりかねません。目の前の事象ではなく、その数字の意味するものや、その動きをよく理解していない、という意味です。

ここでも、ただ数字を扱うのではなく、考えなくてはいけないのです。そのためにいろいろなことを調べる。外資は、カルチャー的には常にハンズオンです。

部下の誰かに報告してもらってそれで判断するのではなく、生のデータを自分で

探っていき、自分で考えていく必要がある。誰かから上がってきたレポートを読むだけでは通用しません。だから、外資のマネジャーは数字について、常に幅広く考えています。

数値化の徹底に対しては、堅苦しさや、縛られるイメージを持つ日本人もいるようです。ここでも真面目に考えてしまって、ＫＰＩを通知表のように思ってしまうのです。しかし、それは正しくありません。

ＫＰＩしかりですが、数字というのはあくまで、目標を達成するためのツールにすぎません。大事なことは、ＫＰＩの数字の裏側を理解しておくことです。

最近では、一目でＫＰＩの状況を把握できる、ダッシュボードのようなものを使う企業が日本でも増えてきました。ＧＳＫでも、戦略に対して10くらいのＫＰＩが決まっていたのですが、それをビジュアルにしてわかりやすく社内外とシェアしていました。

もちろん、ＫＰＩにこだわりすぎることには弊害もあり、注意が必要です。ＫＰＩ自体が目的化しかねないということです。

例えば、イノベーションというテーマは、イノベーション・スコアとして数値化されます。しかしある製品を作ったとき、それがイノベーションになるかどうかは一概に判断できません。パッケージやフレーバーをちょっと変えたくらいでは、本当のイノベーションとは言えないからです。それでもスコアはつく。それを続けていると、スコアを上げることが目的になってしまう。大事なことはイノベーションを起こすことなのに、目的がすり替わってしまうのです。数値化にはわかりやすさという利点がある一方で、それ自体が目的化、目標化してしまうリスクをはらんでいるということです。

その意味で、物事を達成するためのツールとして数字をうまく活用するためには、数字のセンスが求められるのです。

数字や数値化は、グローバル企業では絶対に付き合っていかなければいけません。どう数値化するか、その数字が何を意味しているのか、どう論理的に捉えるか、常に自分で考える訓練をすることが必要です。

透明感を出すためのポイント

①透明感につながる思考・行動スタイル

オープンで、外に対して開かれていること。思っていることをはっきり口にする。階層を意識しない。外部の刺激や違う意見を柔軟に受け入れる。他人の意見や観点を取り入れる。

②「腹に一物ある」と思われないようにする

ついつい日本人がやってしまいがちな「納得できないけど、とりあえず黙っておこう」を避ける。「腹に一物ある」と、外国人たちにはバレる。同意していないときにはそう言えばいい。

③数字を使って物事を語ると透明感が増す

あいまいな話で煙に巻くことができなくなる。必ずしも、厳密さを求めるのではなく、計算する過程を論理的に考えることが重要。

第 4 章

本気で成長を目指せるか

Keyword 4　自己成長・変革欲求

個人の変革を起点に、外資は変わる

「アカウンタブルに働く力」を養うための4つ目のキーワードは「自己成長・変革欲求」です。成長したいという欲求、変革を求める欲求を持つことが、これからの個人に求められるとても大切なコア・マインドセットです。

会社に入って忙しく働く中、またライフステージが変化していく中、基準となる生活や自分ができてきます。それに慣れてしまうと、周囲の環境変化に気づきつつも動けない……。そのときどうするでしょう?

グローバル企業が時代に合わせて大きく変化、進化できた理由の一つだと、私が考えていることがあります。それは、企業変革をするときに個人の変革を切り離さないことです。

まず企業が変わって、後から個人が変わるのではなく、個人の変革、とりわけリーダー層の変革なくして企業変革はありえない、ということが前提としてあるのです。

かつては、企業として組織はどう変わっていくべきか、ということが議論されました。そこでは、個人の話は置いておかれた。しかし今は、企業を変えるためには、リーダー自身がまずは大きく変わらなければならない、という考え方になっています。

もっと言えば、最近では、個人の変革が企業の変革を促し、ひいては社会の変革にもつながっていく、という考え方があります。社会を変えるには、企業が、その前に個人が変わらなくてはいけないということです。

私自身、外資で働いていて、何度か大きな変革の時期に遭遇しました。リーダーが集められ、「自分たちが変わらないといけない」「違う自分にならないといけない」というメッセージを、そのたびに受けました。

グローバル企業には大きな変化がよくあります。そのときリーダーは、自ら変われなくてはいけません。変われない人は、周りの有能なマネジャーたちが変わっていく中で、困った立場に追い込まれます。部下もそれを見ています。

こうした変革プレッシャーが外資で働く人たちに、良い意味で緊張感をもたらしていると私は感じていました。企業変革を自分の好機と捉え、柔軟に自らを変革させていく。そういうしなやかさが求められるのです。

そして変革のときには、リーダーは貴重な機会をもらえることが少なくありません。変革を推進する集まりへの参加もその一つです。私が強く記憶しているのは、ある会社の変革イベントで、世界から400人ほどのリーダーが3日間、アトランタに集められたときのことです。

初日は、オーケストラが招かれていました。まずは普通に演奏が行われたのですが、終わった後にびっくりすることが起きました。会場にいる参加者の中から1人がいきなりピックアップされ、指揮をやらされたのです。それを何人もがやらされました。

そのときに体感したのは、指揮をする人間によってオーケストラの演奏はこんなにも変わるのか、ということでした。リーダーが変わらなければ組織も変わらない。リーダーに力がなければ組織にも力は生まれないということを、わざわざオーケストラを使って参加者に体感させたのです。

外資では、こういうワークショップの場面では、リーダーシップ研究から生まれた科学的アプローチがとられることが多いと思います。例えば、さまざまな角度から自分のリーダーシップ・スタイルが数値的に分析され、チャート化されたことがありました。また"Self-Limiting Thought"というプログラムもありました。自分を制限している要素を挙げていく。自分の才能やポテンシャルを100パーセント発揮できていないのは、どんな理由によるのか。何が自分の行動を縛っているのか、自分でリストアップしていくのです。そして。それをチームでシェアする。

能力面に自信がない、口べた、過去のトラウマなどなど、自分を抑えつけているものを考えるのです。自分の強みや弱みを考えるのではないのです。おそらく心理学的なアプローチ、科学的根拠に基づくプログラムが作られていたのだと思います。これが、とても勉強になりました。自分が何をリミッターにしているのか、気づくことができました。そのうえで、自分が変わるためには何が必要なのかを考えました。

自分を変えていくことは、自分にしかできません。そのとき行うべきは、自分で自分の内面を見つめることとです。しかも、深く自分を見ていく。"Reveal"（さらけ出す）というのも、外資で最近よく聞く言葉です。これは、リーダーが自らの内面や弱さを人の前でさらけ出すことにより、次のステップに行くきっかけを得るというものです。そのこと自体がまた、周りにポジティブな影響を与えるとも言われています。

企業を変えるには個人を変えていく必要があるわけですが、グローバル企業は企業変革のために、リーダーに対してこんな取り組みをしているのです。

変われる人が評価される

大きな変革がたびたび行われるのがグローバル企業ですから、自己成長・変革欲求はとても重要なキーワードになります。それを楽しめるかどうかが問われてくるのです。

うがった見方をすれば、グローバル企業はわざわざ変革をやっているのだと私は考えています。変化は落ち着かないものです。しかし、変革の機会があるからこそ、常にフレッシュでいられる。だから、そこでうまく波に乗れるかどうかが問われるのです。そのためには、フレキシビリティとオープンさが必要になります。そして、1歩前に出る勇気を持っている人は、とても称賛されます。

「あの人は最近、ちょっと変わったね」というのは褒め言葉です。誰かが変わろうとしている、殻を破ろうとしているようなときには、リーダーはじめ周囲はとても応援するし、称賛します。

逆に、変わらない人、変われない人、過去や自分に固執してフレキシビリティを発揮できていない人には、冷淡になるとも言えます。評価されないのです。

ほかにも、外資には似たようなカルチャーがあります。勇気を持つことを大切にする。小さなことでもいいので、リスクを取って自分をストレッチすることを推奨する。失敗してもかまわない。これが、リスクテイキングにつながっていると思います。

人は誰しも、変革を求められると少したじろいだり、斜に構えたりすることがあります。しかし、それでも勇気を出して1歩踏み出すことが評価される。そして、やってみることで、新たな発見があることも多いのです。

内向的な性格で、人の前に立つのが苦手、嫌いという社員がいました。ところがあるとき、勇気を出して大勢の社員の前で、そのテーマについて話をしてみました。すると、自分自身が驚くことになった。意外にも、人前で話すのは気持ちいいじゃないか、ということに気づいたのです。

こういうことはよく起こりますだから、人間は変われるという前提で考えます。外資で心理学的、科学的なプログラムが組まれるのも、人間は変われると会社が考え

Practice

人前で自分が苦手なことをテーマに話してみよう。自分が変わる、成長するためのきっかけになるかもしれない。

ているからです。

このようなリーダーシップ開発・変革プログラムは、おそらく10年前にはなかったのではないでしょうか。企業変革の重要性、もっと言えば個人が変革することの重要性をより強く認識したからこそ、グローバル企業はそれを後押しするプログラムを進化させてきたのです。

ちなみに、私は部下たちに対し、自己成長・変革のために、「叱ってもらえるようになれ」というアドバイスをよくしていました。今日では、パワハラと思われることを恐れて、上司が部下に厳しい指導・フィードバックをすることは格段に減っています。しかし、厳しいことを言われるからこそ成長できる、という側面もあるのです。

最近の外資には、フィードバックを重視するトレンドがあります。頻度高くフィードバックをしていくことは、年1〜2回の面談や査定を行うよりはるかに効果的だという考え方です。会社によっては5段階評価のような査定そのものを廃止するところもあります。

しかし、フィードバックは口で言うほど簡単なことではありません。たとえ外資でも、上司も部下もフィードバックには身構えるものです。最も大事なことは、普段から「私は大丈夫ですから、正直にフィードバックをください」というメッセージを上司に出しておくことだと思います。「あ、この部下は叱られ弱いな」と思ったら、上司は絶対に率直なフィードバックをしません。それはパワハラ認定が怖いから、部下とまずい関係になるのが嫌だからそうしないだけなのです。誰も何も言わないから問題ないかな、では自分の成長につながりません。だからこそ、「私は大丈夫です。何を言われても平気です」というスタンスを普段から示しておくことに、大きな意味があるのです。

日本は暮らすにも快適で、人に優しすぎる国だということを認識する必要があります。「安全」に加え「安心」をみんなで求め合う国です。不条理や理不尽に悩まされることも少ない。成長へのモチベーションを高めていくためには、ぬるま湯につかりすぎず、率直なフィードバックを求めることが大切です。

「成長して偉くなりたい」を目標にするリスクもある

自己成長・変革欲求が強いことはとても大切ですが、そこから「キャリアをどんどん伸ばして偉くなりたい」という発想に至ってしまうのは、あまりよくないことだと私は考えています。それではうまくいかないことが多いからです。

何も変えず、成長せずに、会社にしがみついておこう、と守りに入ってしまうのは論外ですが、成長意欲が「偉くなりたい」という方向に向かうのも、これはこれで問題なのです。

外資を選ぶ人の中には、とにかく早く偉くなりたいと考えている人がいるのは事実ですが、それは形式的な成長にすぎません。そうではなくて、いろいろなことを学んで、自分自身をより良い人間にしていきたいという、本質的な自己成長を目指すべきなのです。

そうした成長を目指す人は、セルフ・アウェアネス（自己認識）がとてもしっかりしています。視野が広く、いろいろなものから勉強しようとする。学ぶ意欲がとても強いのです。そして当人は、それがキャリアなどの社会的な成功にすぐに結び付かなくてもいいと考えています。お金やポジションよりも、自分自身の納得感や充足感をとても大切にするのです。

こういう人は、きちんと自分を持っています。社会的な成功などしなくても、自分を正しく評価できる。自己肯定感が強いのです。自分を見つめるコツみたいなものを知っている、いわばインナーセンスがあるのだと思います。

自己肯定感が弱ければ、自己変革はなかなかできません。誰しも自分のスタイルがあり、自分を制限しているものもあるわけですが、自分に自信があるからこそ、変革に踏み出していくことができる。

若い人の中には「成長したい」という意欲を表に出す人もいますが、それが形式的、表面的な成長なのか、人間的、本質的な成長なのかは注意をしておいたほうがいいと思います。

また、人間の成長には、上司にも責任があると私は思っています。上司が形式的な成長だけを求めている人だったら、部下も同じようになりがちです。もっと言えば、組織の文化が表面的、形式的な成長を奨励するようなものであれば、社員はそれに染まってしまうでしょう。

本質的な成長、人間的な成長が大切なのは、それが広義のリーダーシップにつながっていくからです。誰にでもリーダーシップのポテンシャルはあり、それを

いかに開発していくかが重要なのです。[*1] **しかも、自分なりに開発していくのです。グローバル企業では、こういうところをしっかり見ている印象があります。**

自己成長・変革欲求の重要性として、こういうことも言えます。まず、自分も育成できないのに人など育成できない、ということ。そして、成長していくこと、変革していくことの楽しさに気づくことです。変われることは、基本的に楽しいことなのです。脱皮するような印象が自分の中に生まれるからです。

私自身も、外資にいた間に大きな企業変革を数回経験し、それらを通して自分自身を大きく変革してきました。そしてこれは、自分にとって大きな成長につながる出来事でもありました。

日常的に仕事だけに埋没している平時には、なかなか自分を変えられません。人を変えることも難しい。やはり危機感（Sense of Urgency）が必要です。上司が自分で変革を経験していれば、部下にもそのチャンスを生かすように、機会を逃さず促すことができると思います。部下にしても、上司も悩んで、苦労して脱皮したのだとわかれば、そこに興味が向かいます。そうすれば、変わっていくことの喜びを共有できます。

先に紹介した変革イベントの後、参加できなかったリーダーたちに、すぐにメ

＊1："Leadership It's in Your DNA"（Rhea Duttagupta）

ールで報告をしました。

「今よりも良い明日を開発する」「オールドファッション・リーダーシップスタイルから脱却せよ」「組織図のピラミッドをひっくり返して逆にしろ」「失敗しても、時間をかけても、より高いレベルに行け」など、私自身の感動をみんなと共有したくて、長い文章を書き連ねたことを覚えています。

ストーリーによる自己変革

10年ほど前に、ストーリーを使った自己変革のやり方がアメリカで発表され、多くの会社で取り入れられました。*2 私がいたグローバル企業でもその手法を応用していたのを覚えています。

今のダメな状況（Old Story）と、

Practice

ダメな自分のストーリーはどのようなものか、目指したい新しい自分のストーリーはどのようなものか、それぞれの日常的な行動や習慣などを具体的に書き出してみよう。

＊2：Jim Loehr（Human Performance Institute）による研究は、“Your story is your life” というアプローチを生み、多くの企業に採用された。

こうありたいと思う姿（New Story）を対比して書くことによって、自今変革を促し、自己肯定感を高めていくというものです。人は自分自身でいつもストーリーを作り、それを自分に話しかけているのです。一般的に言って自己肯定感が高くはない日本人にも、適用しやすいやり方ではないでしょうか。

まず、何がダメなのかということをしっかり認識する。それを変えるにはエネルギーが必要ですから、まずは認識から始めないといけないのです。

私の例で言えば、十分に仕事に乗りきれず、ただ数字に追われる自分がOld Storyの主人公でした。毎日のさまざまなプレッシャーを自分はどんなふうに感じ、何を考えているのか。現状のエネルギーや創造力はどうか、といったことを書くことで、はっきりした現状認識を行うのです。

そして次にNew Story、ありたい姿とそれを実現するための新しい行動パターンを書いていきます。仕事上の行動だけでなく、月1回は外部のレクチャーに行こうとか、1日5分の瞑想とかも含めて、考えつく行動をすべて書き出しました。

古い自分と新しい自分のストーリーを書くことで、自分が変わっていくための具体的な思考と行動がイメージできます。

ストーリーについては、コミュニケーションの場面でも重要な役割を果たしますが（第6章で詳述します）、この手法は自己変革のための強いモチベーションになります。

頑なになると、すごく損をする

芸能界の方に、スターとして成功する人の特徴は何ですか、と聞いたことがあります。その人は即座に、「素直な人です」。どの世界でも素直さは大きな成功要因なんですね。

素直であることと表裏の関係になりますが、グローバル企業で成功したければ頑なになってはいけません。

自分の意見を持つことはもちろん大事ですが、あまりにこだわりすぎて他者の意見を受け入れられなかったり、みんなで決めたことに従えなかったりすると、一緒に働くことが難しくなります。

グローバル企業では上司であっても公然と、自分とは違う意見をぶつけられることが少なくありません。それを受け入れない頑なさを持っていると、仕事はスムーズに回りません。

また、新しいことを受け入れ、自らを変えていくことを頑なに拒否するような人も、残念ながら評価されません。

成長を促すために抜擢しよう、チャンスを与えようというときにも、変化に柔軟な人と頑迷な人のどちらを選ぶかといえば、当然、前者になるでしょう。そのほうが、成長ポテンシャルが感じられるからです。頑なでいるとチャンスも失ってしまうということです。

さらに、頑なさに通じる態度で、ノリの悪い人も要注意です。変革のイベントなどもそうですが、あるテーマの下に全社員が集まる機会が外資にはよくあります。その場では、ミッションやビジョンをモチーフにして会場を盛り上げることも行われます。

そうした盛り上がりを冷ややかな目で見て、輪の中に入ってこない人、入ってこられない人がいます。賑やかなことが好きではない、なんだか宗教っぽい雰囲気が怖い、などと言って入ってこないのです。実際には、そんなに難しく考える必要はなくて、ノリで入ってしまえばけっこう楽しいものなのですが。

英語で「ノリの悪さ」をうまく表現するのは難しいのですが、外国人も「ノリの悪さ」には良い印象を持たないと思います。もとよりシニカルな態度は、周りに良い影響を与えません。

頑なさは、本人にすれば自己表現の一つなのかもしれませんが、周囲が受け取る印象は、厳しい言い方ですが〝精神的怠惰〟です。いろいろなことを考えているようで、実は考えていないのではないか、何かを学ぼうという気持ちがないのではないか、などと思われてしまいます。

おそらく頑なな人は、そういう反応を見せることが長年のクセになっているのだと思います。しかし、それは改めるべきことです。例えば、長年本を読んでいないと本が読めなくなってしまうのと同じですし、考えることをやめてしまうと考えることがつらくなるのとも同じです。

とりあえず今の仕事はオペレーショナルにこなしているようだが、新しいことは考えられそうにない、と周りから思われても仕方がありません。頑なさは、そのくらいネガティブな印象をもたらすのです。

ポジションや報酬よりも、内的成長を目指すべき

なぜ、外資ではノリが大切になるのか。私は、「ちょっと無理をしてでも、外資っぽく振る舞ったほうがいい。ここはグローバルカンパニーなんだから」と言ったりもしていましたが、それが自分にも周りにも変革や成長をイメージさせるからです。

この成長は、ポジションや報酬といった表面的なものではなく、内的な成長のことです。ポジションや報酬はなかなか自分の思いどおりにはなりませんが、内的成長は自分でやろうと思ったらいつでもできるのです。

多くの企業、とりわけある程度の規模を持った企業には、内的成長の機会はたくさんあります。しかも、日本企業よりもグローバル企業のほうが、その機会は多いと私は思っています。だから、それを十分に活用しなければもったいない。ノリを求められる場面もその一つです。

実は、上司が見ているのはそういう姿勢であり、パーソナリティだったりするのです。昔は、仕事が終わって飲みに行ったりして、姿勢やパーソナリティをより深く理解してもらえる場がありました。ところが今は、こういうつながりはど

んどん希薄になっています。

そうなると、日常の仕事の様子から、姿勢やパーソナリティを評価するしかない。そこで、頑なだったり、成長意欲が見えてこなかったり、ノリが悪かったりすると、いくら優秀であっても評価は下がってしまいます。成長しようとしているか、強い成長意欲があるか、という点で疑問符が付いてしまうからです。

外資の採用において、こうした姿勢やパーソナリティはとても重視されます。私自身は、採用で見なければいけない最重要ポイントだと思っていました。自己肯定感があり、自分をもっと高めようとしているかどうか。そういう気持ちを常に持っていられる人かどうか、ということに重点を置いて面接をしていました。

当然ながら勤勉さも必要です。常に勉強しているかどうか。本を読んでいるか、情報を取り入れて自分を高めようとしているか。

ちなみに外資には、TED[*3]からいろいろなインサイトを得ようとしている人が多くいます。私もTEDを利用しますが、いつも驚くのは、こんなことを実証的に研究している人が世界にはいるのかということ、そしてそれが無料で簡単にシェアされているということです。

今の時代、内的成長のための勉強の機会はいくらでもあるのです。だからこそ、

＊3：TED　Technology Entertainment Design　さまざまな分野における研究成果を動画配信している。著名な講演者も多く、多言語に翻訳されて世界中で見られている。

そこに向かう姿勢を持っているかどうかが大事になるのです。

ＧＳＫ時代のことですが、ＣＥＯが来日して店頭視察に来たとき、英語がそれほどうまいわけでもないのに、彼女にファーストネームで呼びかけていくつか質問をした若い営業担当者がいました。社員10万人のグローバル企業のトップに、最前線の若手が声をかけたわけですが、外国人はこういうことをけっこうやるのです。

彼はこういう場合目立つようにネクタイや靴にもこだわっていて、毎回のようにおしゃれをしているうちに彼女に覚えられて、「今日のネクタイ、いいわね」なんて言われていました。これこそ外資のノリかもしれません。この数分のために、実はいろいろな準備もしたでしょうし、それによって確実に彼は大きな刺激を得られたと思います。

プロジェクト失敗を自分の否定につなげない

グローバル企業で働く人たちのメンタルの強さには、自己肯定の意識が大きく作用しているのではないかと感じたことがあります。例えば、自分が主導したプロジェクトが失敗しても、それを自分の否定にはつなげないのです。日本人から見ると少し違和感があるかもしれませんが、**「私が悪かった」ではなく、「これこれこういう理由でうまくいかなかった」と報告してくる。「原因はこういうことだと思います。以上」で終わりです。**

これも、肯定的な自己評価を保つ方法ともいえます。無責任というのとは違う。プロジェクトがなぜうまくいかなかったのか、きちんと分析をしてオープンにします。しかし、そのことと自分を責めることとは、まったく別のことなのです。

このあたりの自分のエネルギーレベルの管理は、外国の人たちはとてもうまい。日本人が自分を責めがちなのとは対照的です。

これはある意味、ビジネスをとても複雑な〝ゲーム〟と捉えているからかもしれません。ゲームという言葉は誤解を招くかもしれませんが、とても客観的で冷静なのです。

失敗と責任をごっちゃにしない。自分の価値観、信念に基づいてやっていることであれば、自分自身を認めることができる。〝グリット〟（GRIT）[*4]という言葉が、外資では最近よく人の評価に関して使われます。「やり抜く力」という意味

＊4：Grit　本来の意味は硬さ・強固さ。アメリカの心理学者がさまざまな分野で成功する人が共通に持つ特性を研究し、提唱した概念。「やり抜く力」と訳されることが多い。

の言葉ですが、これも、失敗しても大丈夫、次に行ける、という精神的スタミナを表しているような気がします。

成長に貪欲になれる、インスパイアされる

外資で多くの人を見てきてあらためて思うのは、今の日本人は、成長に対して貪欲になれていないということです。文化的背景や市場環境の違いはもちろんあると思いますが、グローバル企業で見ても、外国人は一歩を踏み出す勇気を持っているし、成長に対して貪欲だと思います。本人も、会社にいて人間的に成長したほうが楽しいのです。ただ、そこに気づくのに、日本の環境では時間がかかってしまう気がします。

先ほど、表面的な成長よりもまず内的成長、人間的成長を求めたほうがよいと書きました。そのためには、多様な考えに接することが重要です。〝インスパイア〟(Inspire)という言葉を外資ではよく聞きます。心に染み入るような影響を受ける、考えさせられる、というような意味合いです。オープンな気持ちで接すれ

ば、こういう機会が外資には多いと思います。

一つには人間、特にリーダーシップについての知見や研究が社内で積極的に応用され、ワークショップやトレーニング・プログラムとして展開されていることがあります。また、グローバル企業には多様な文化的背景を持つさまざまなタイプのリーダーがおり、そういう人たちと生に触れ合う機会もあります。

また、異なる環境に生きる人々と接することで、自らを振り返ることもできます。例えば、インド人と語っていると、ビジネスの表層的なことだけではなく、経済や社会の話、教育、家族の話などになっていきます。彼らが何を考えて、どういう行動を取ろうとしているのか、彼らから日本人はどう見えているのか、ということも会話の中から見えてきます。そして、自分自身や日本について、考え直さざるを得なくなります。インド人はグローバル企業の中で大きな存在感を持っており、文化的に日本に近い面もありますし、私はインドの優れたビジネスリーダーは日本人の参考になると思っています。

自己成長・変革欲求のポイント

①外資系企業は、個人の変革を起点にして変わっていく

まず企業が変わって、後から個人が変わるのではなく、個人の変革なくして企業変革はありえない、ということが前提としてある。

②外資では、変われる人が評価される

「あの人は最近、ちょっと変わったね」というのは褒め言葉。誰かが変わろうとしている、殻を破ろうとしているようなときには、リーダーはじめ周囲から応援され、称賛される。

③頑なになると、損をする

成長を促すために抜擢しよう、チャンスを与えようというときにも、変化に柔軟な人と頑迷な人のどちらを選ぶかといえば、当然、柔軟な人になる。

④肯定的な自己評価を保つ方法

プロジェクトが失敗しても、自分を否定せず、「これこれこういう理由でうまくいかなかった」「原因はこういうことだと思います。以上」で終わりにすることにも自己肯定の効果がある。

第5章 ストレス対策でなく、エネルギーを管理する

Keyword 5　心と体の最適化

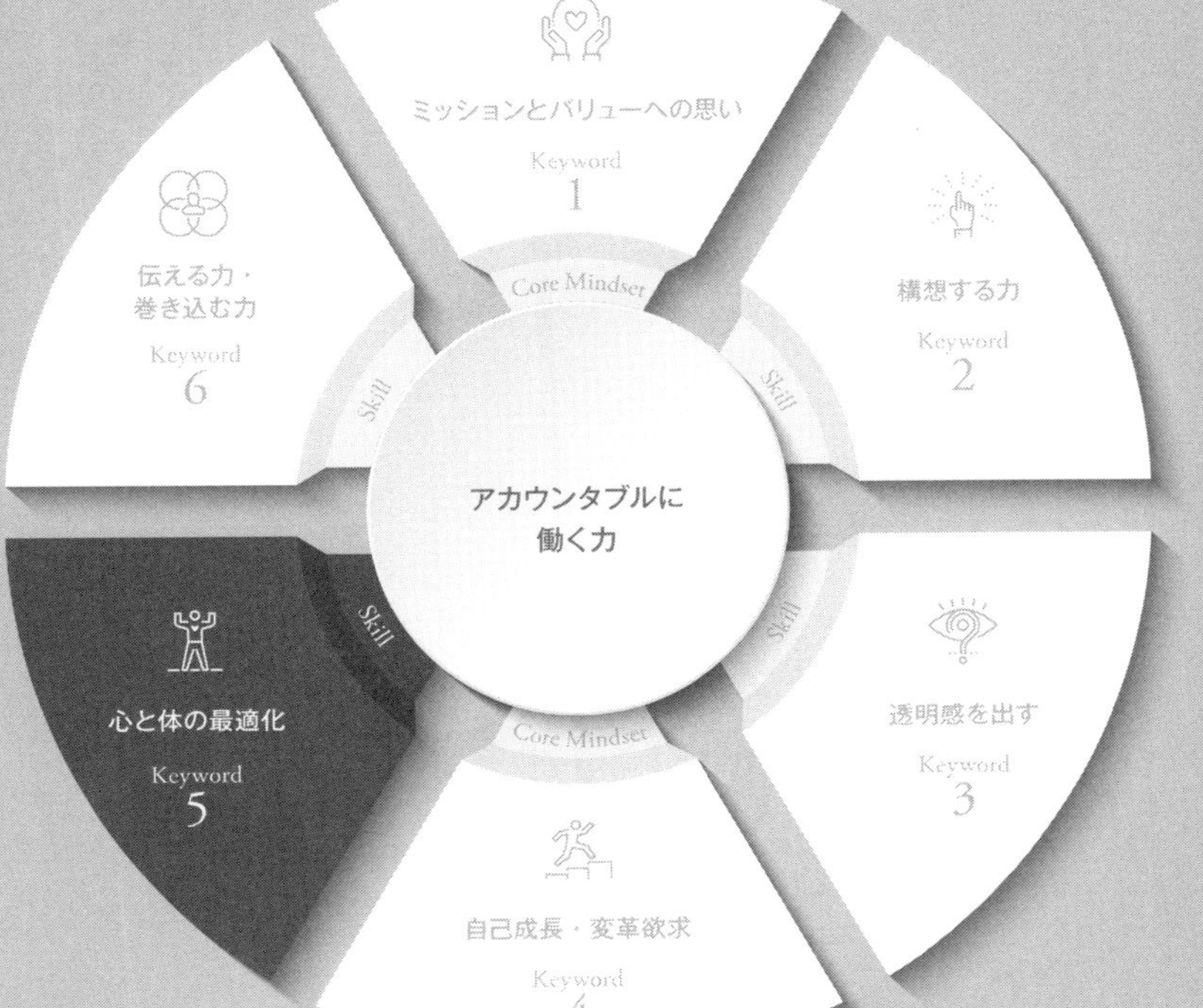

エネルギーレベルを高く維持する必要がある

「アカウンタブルに働く力」を養うための5つ目のキーワードは「心と体の最適化」です。これをしっかり考えて体と心をマネジメントする習慣を作り、継続的にパフォーマンスを上げられる自分になるかどうかは、ビジネス人生に大きな違いをもたらします。

エネルギーレベルが低いと、何かを構想するとか、変革するとか、他の人を巻き込むといったレベルまでは、なかなかいけません。その意味では、アカウンタブルであるための必須要件と言えるかもしれません。

エネルギーレベルの高い人は、周りに人を集め、感化します。そのことは体験上もわかると思います。理想的なモデルは、エネルギーレベルが高くて自分を変えていける人です。男性でも女性でも、「キラキラ女子」っぽい人と言ったりしていました。

外資にそれなりの厳しさがあることは事実です。細かな数値管理がありますし、マネジャーになっても、どんなポジションになっても、ハンズオンで仕事をすることが求められます。スピード感を持って仕事をこなし、成果を出さなくてはいけません。

また"Grow or Out"の感覚で、ずっとここにはいられない、甘えられないという緊張感もあると思います。

ですから、日本企業から外資に転職してくると、どうしても気持ちのバランスを崩してしまう人がいます。プレッシャーに負ける人もいる。自分を責めたり、自信をなくしたり、口数が減ったりしていくからわかります。私自身も、ダメージを受けているな、という気持ちになった時期があります。実際、ストレスが原因でじんましんが出たこともありました。

ですから、この問題にはずっと興味を持っていましたが、グローバル企業では早くからこの問題に取り組み、体系的に研究してきたことを知りました。日本には「心・技・体」という言葉があり、「ビジネスでも心・技・体が大事」と言う人もいます。しかし、外資では標語としてではなく、実証的研究の対象としてこの問題が扱われてきました。

エナジー・フォー・パフォーマンス

例えば、アメリカでは〝Corporate Athlete〟[*1]と称して、スポーツ・サイエンスとビジネスの連関が早くから研究されており、多くの文献も出ています。また、身体と精神や感情などの関係についても研究がなされてきました。

その一つとして私が体験し、長く役に立った「E4P（Energy for Performance）」というプログラムを紹介します。[*2] E4Pは、パフォーマンスを上げるためのエネルギー管理技術です。ストレスマネジメントではないところがポイントです。目的が違うのです。

国を問わず、多くの人が職場において〝エネルギー・クライシス（危機）〟に陥っています。エネルギーが足りなくなってしまっている。

その原因の一つは、日々のビジネスの中では時間やタスク、数字に追われ、外的なプレッシャーによってリアクティブ（反応的）な意思決定をしているからです。それが続くと、心も体もだんだんと弱り、全体的なエネルギーレベルが下がってくるのです。このことは、誰もが直感的に理解できるでしょう。

別の言い方をすれば、仕事を主体的にコントロールするナビゲーター

*1："Making of Corporate Athlete" Harvard Business Review, 2001
*2：E4P　Energy for Performance。米国の Human Performance Institute が開発したトレーニング・プログラム。

(Navigator)になっているのではなく、何とかこなす生き残り(Survivor)、やらされていると感じる負け犬(Victim)であることのほうが多いのです。

ビジネスパーソンとしてのパフォーマンスを上げるためには、フィジカル(身体)、エモーション(感情)、マインド(頭脳)、スピリット(精神)を総合的に整えていく必要があります。

本当にフィジカルなトレーニングのほかに、自分の感情やミッション、バリューを内省的に見つめるセッション、戦略的な食事やスナックの取り方、睡眠の話などを学びました。当時のコーチは、最終的に大事なのはスピリットだ、と教えていました。また、感情が乱れたら一度、フィジカルに立ち戻れとも。

この考え方を通して、自分のエネルギーレベルを常に意識するようになったことは、非常に有益でした。特に、1日5分でいいから瞑想の時間を持つ、何もない無目的な時間を作ることの効果は非常に大きいと感じました。そしてチームにもこの考え方を広め、社内で新しい試みを実践したことを覚えています。

マインドフルネスの手法は、外資には定着してきた

マインドフルネスは、グローバル企業では一つのメンタルコントロール手法として定着した感があります。

グーグルにおけるマインドフルネスへの取り組みはつとに有名です。本来の仏教色をほぼ完全に取り去り、あまりに世俗化したために本質が理解されていない、という批判はありますが、日本よりはるかに早く欧米で広まったのは興味深いことです。私がいたグローバル企業のトレーニングにもマインドフルネスがありましたし、瞑想するためのスペースがあったりしました。

グローバル企業のリーダー層には、瞑想や座禅、ヨガなどをやっている人が少なくありません。社員にヨガを推奨するトップがいますし、社員の間でもヨガや瞑想、座禅などはよく話題になります。私の日本の部下の1人は、帰宅前に近所の神社で短い瞑想をして心を静めている、と言っていました。

インドではヨガは生活の中に根付いていると聞きます。幼い頃から誰もがヨガを始める。それは単に身体的なものではなく、自分の内面を探るものとしてです。

日本では、いつの頃からか宗教を語ることさえ忌避されようになりました。そ

れと並行して、自分の内面へのアプローチも減っている気がします。

一方で、スピリチュアルなものへの関心は高まっています。神社仏閣を巡り、座禅を体験したりする。パワースポットも人気です。しかし、あくまで遊興気分で訪れているだけで、自分の内面を本当に見つめることはあまりしないようです。外に運気を求めるのではなく、まずは内を向いてみることが大事です。手法はともかく、心と体のバランスに意識を向け、自分なりの習慣を作っていくことが今の時代には必要なのです。

ビジネスはマラソンではなくインターバル

仕事をどう捉えるかということも、エネルギーを管理していくうえで興味深いポイントです。**「会社で働くことやビジネスを、スポーツに例えるとしたら何ですか？」こう問い掛けられると、多くの日本人は「マラソン」と答えます。コツコツ、コツコツと長い時間かけてやっていくのだ、と。しかし、グローバルな働き方を見ていると、本来ビジネスは「インターバル」なのだと思います。**

ダッと走って、ガッと集中してパフォーマンスを出し、パッと力を抜いてリフレッシュする。そんなメリハリこそが大事なのだと。

実際、インターバルの意識を持たずにコツコツ、延々とやっていたら、屈強なスポーツ選手も壊れてしまいます。日本人は仕事をマラソンだと考えてしまうので、うまく力を抜くこともできず、厳しい状況に追いやられてしまうのです。

堪え忍んで頑張って、最後に勝つ、といった仕事の成功イメージを持つ日本人は少なくありません。しかし、インターバルになっていなければ集中力も発揮できず、結果を出せないことが多いのではないでしょうか。

外国人の働き方を見ていると、総労働時間は少ないけれど、とても大事な会議の前など、勝負どころの集中力には大変なものがあります。まさに、ガッとなって、何かが乗り移ったかのようにプッシュする。そして、休むことの重要性をよく知っています。間違っても、ダラダラ働いたりしない。長い時間ずっと仕事をしていると、やればやるほどパフォーマンスもクリエイティビティも落ちていくことがよくわかっているのです。

働き方改革で表面的には変わってきたのかもしれませんが、まだ日本には「粘り強くやることが美徳」という価値観が残っているのではないでしょうか。

心と体の最適化のポイント

①エネルギーレベルを管理する

エネルギーレベルの高い人は、周りに人を集め、感化できる。

②エナジー・パフォーマンスの考え方

何とかこなす生き残り（Survivor）でなく、やらされていると感じる負け犬（Victim）でもなく、仕事を主体的にコントロールするナビゲーター（Navigator）となるための考え方。

③ビジネスはマラソンではなくインターバル

本来ビジネスは「マラソン」ではなく「インターバル」。ダッと走って、ガッと集中してパフォーマンスを出し、パッと力を抜いてリフレッシュする。

第 6 章

ストーリーが外資系で果たす重要な役割

Keyword 6　伝える力・巻き込む力

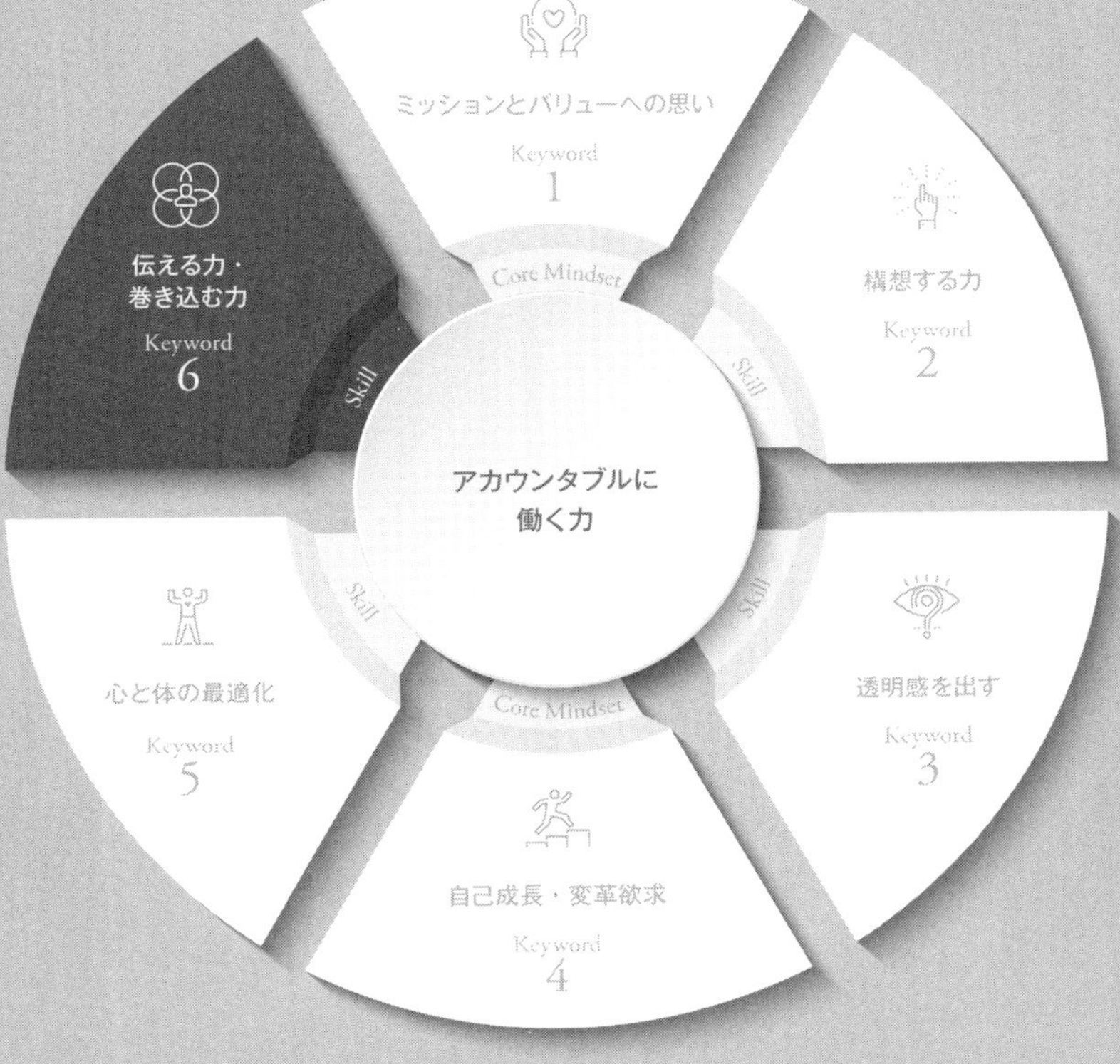

海外のリーダーのスピーチになぜ引き込まれるのか

「アカウンタブルに働く力」を養うための6つ目のキーワードは「伝える力・巻き込む力」です。どんなにAI化が進もうと、人を巻き込む力だけは代替できないスキルだと言われています。

グローバル企業で仕事をしてきて印象深いのは、面会した多くの経営トップたち、リーダーたちの「伝える力」「巻き込む力」の強さです。もちろん、雄弁で弁舌が巧みな人も多いのですが、雄弁でなくても自分の個性を出しながら伝え、巻き込んでいく。本来は内向的な人も、自分らしく伝えて巻き込んでいく力を持っていました。

単にプレゼンテーションをしているのではありません。彼らはストーリーテリングをしているのです。プレゼンテーションとストーリーテリングは似て非なるものです。

説得ではなく、相手の感情に訴えてインスパイアするのです。

例えば、あるCEOが会議の冒頭こんなふうに話をして、みんなをグッと引き込んだことがありました。

「飛行機事故が起きた。ちょうど自分の家族が飛行機に乗る時間帯だった……」

こんな話から入ってくるのです。もちろん家族は大丈夫だったわけですが、そういうところから会社のバリューや戦略の話に発展させていく。ただ会社の話をするのではなく、前段階のストーリーでグッと引き込まれたからこそ、強く記憶に残る話になりました。

こういううまさが、グローバル企業のリーダーたちにはあると強く感じます。もちろん、日本の経営者にもスピーチがうまい人は大勢います。しかし、ストーリーテリングの巧みさはグローバル企業のトップにかないません。

そもそも、**グローバル企業で強く実感するのが、コミュニケーションをとても重要視していることです。それこそ、コミュニケーションが企業を支える根幹だと考えている節すらあります。**

だから、コミュニケーションへの投資も積極的です。コミュニケーションの専門部署（広報ではありません）を作り、お金と時間をかけて社内外にコミュニケーションをしていく。会社としての、コミュニケーションのレベルの基準が高いのだと思います。

そのインフラをベースに、リーダーのストーリーテリング力が発揮されます。

しっかりストーリーで語れるかどうかで、部下がモチベーション高く行動できるかどうかが決まるのです。それゆえ、ストーリーテリング力は現代のリーダーのコアスキルの一つとされており、多くの研究成果とトレーニング・プログラムがあります[*1]。

　もちろん、トップだけの話ではありません。グローバル企業のマネジャークラスになると、会議や人が集まる場で「ストーリーを語れる力」が期待されます。その際に大切になるのは、うまくまとまった話をすることではなく、自分の個性を生かして、伝えたいメッセージを自分自身と絡めたストーリーにすることです。最近よく聞く言葉に「オーセンティシティ」（Authenticity）というのがあります。「その人らしい」「信用できる」という意味ですが、そういう話をすることがロジックを超えて人を惹き付け、動かしていく。だからこそ、普段から自分としっかり向き合い、自分を知ることが大事になるのです。

　例えば、家族の話や、何かの体験談。直近の出来事。自分の周りの人のこと。そこに、テーマに関わる自分のメッセージやインサイトを埋め込んで話す。正直なところ、すぐには難しいと思います。経験も慣れも必要です。その意味で、スピーチに慣れている欧米人（およびインド人）がいるグローバル企業には、良い

＊1：“Leadership it's in Your DNA”（Rhea Duttagupta）

お手本がたくさんあります。そこから学び、自分なりのスタイルを確立するべく訓練していけばよいのです。

伝える力、巻き込む力が必要な理由

とはいえ、「あなたのストーリーを教えて」といきなり言われると、外資の日本人でもやはり照れてしまう。それは私もわからなくありません。

今さら、自分のライフヒストリーの何を語るのか。自分の価値観とか言われても、なんだか話すのは照れくさい。そういうところがあるのです。しかし、そう思うことが、人を惹き付ける力に影響してしまう。

ある日本の大手企業で、こんな話を聞いたことがあります。

「上司がとにかくストーリーを語れない。だから部下は、なぜこの仕事をやっているのかがわかっていない。だから、チームが盛り上がらない」

今の社員は、「そこに仕事があるから働く」という人たちばかりではありません。どうしてこの仕事をしなくてはいけないのか、この仕事にどんな意味がある

のか、ということをしっかり知りたいのです。

ところが、上司がきちんと伝えないから、若い人は戸惑ってしまう。これは、コミュニケーション能力の問題もありますが、要は上司に照れがあるためだと思います。「それは察してくれよ」では通用しません。きちんと話して若い人を惹き付け、巻き込んでいかなくてはいけないのです。

グローバル企業では、例えば他国から来た外国人と飲みに行ったりしたとき、仕事以外の会話を大事にします。外資系はドライだからそういうことには興味がないだろう、などと思われることもありますが、そんなことはありません。相手の価値観や思い、経験を聞くことで、そこからインスパイアされることもいろいろあるからです。また、そういう私的なストーリーをオープンに語ることは、信頼の醸成につながります。「顔のない日本人」にならないためにも、とても重要なことなのです。

私の経験では、ストーリーテリングには実体験（エピソード）が欠かせない要素です。これまでの

Practice

仕事の中で自分の個人的な体験を交えて話すように習慣づけよう。

人生経験や自分が見たこと、感じたことを、どう伝えたいメッセージと結び付けるかがポイントになります。

かつて、会社でこんな話をしたことを覚えています。

——お客さま相談室で1日過ごしたことがありました。さまざまなクレームや要望など消費者の声が入ってくるところです。あるとき、お年寄りから電話があり、とても気になりました。商品についての説明書を読んでくださいとこちらが言うと、「お宅の商品のパッケージに書いてある注意書きは、字が小さすぎて、私にはほとんど読めないんですよ」と申し訳なさそうに言われる。こうなってしまうことには、パッケージの大きさと、表記しなくてはいけない情報の多さの問題もあるのですが、ふとこう思いました。我々はコンシューマー・ファーストなどと言っているが、本当にそうだろうか？　と。

この実体験に結び付けて、会社のバリューの話をしました。コンシューマー・ファーストとは何なのか……。

ストーリーテリングは、言葉だけの問題ではありません。聞いている人が受け止めるメッセージに影響するのは、言葉、声のトーン、ボディランゲージの順に、10対40対50の比率になるという研究結果もあるそうです。まさしく、身体全体を使ってコミュニケーションがなされているのです。

自分のストーリーは面白いと思えるか

コミュニケーション力の重要性をあらためて認識したエピソードがあります。ある外資でこんなことがありました。

将来のトップリーダー、ジェネラル・マネジャーになるようなポテンシャルを持った人を十数人選抜し、育成していくプログラムで、日本からも20代後半の若手社員が選ばれました。

このプログラムに参加すれば、ホップ・ステップ・ジャンプで一気にポジションが上がっていく可能性がある。そして、その第1回目のミーティングが、アジアのある都市で行われました。

若い日本人もやる気満々で参加しました。ところが、3日間のワークショップが始まると、初日のレセプションで大きなショックを受けてしまいました。ほかのメンバーのコミュニケーション・スキルが圧倒的だったからです。そして、せっかく選抜されたのに、途中で抜けて日本に帰国してしまったのです。英語の問題もあるとは思いますが、それを除いたとしても、ストーリーを語れないことが大きかったのではないかと私は感じました。

端的に言えば、コミュニケーション力とは、自分の言葉で語れるかどうかなのです。それによって説得力は圧倒的に変わります。おそらく、他の国から来たポテンシャルの高い社員たちは、このスキルがとても高かったのでしょう。だから、少し話をしただけで、とてもかなわないと考えてしまった。

圧倒された要因として想像できるのは、まず「自分の話を聞いてほしい」という意欲の高さです。外国人の場合、たとえ英語が下手でも、「聞いて、聞いて、面白いストーリーがあるから」というところからスタートする。大丈夫かな、英語はあまりうまくないし、外国人向けに話せるかな、といった消極的なところからはスタートしません。実際、これでは素通りされてしまいます。「聞いて、聞いて、自分のストーリーを聞いて」という姿勢を持っている人の話を、人は聞きたがるのです。

日本人は常に謙虚であろうとしますが、こういうときには思い切ること、大胆さが大切です。謙遜が卑屈になってはいけないと思います。

もちろん、これは単なる〝アピール〟〝目立ちたがり〟とは違います。聞いてくれる外国人がどんなことに興味を持っているか、どんなことを面白いと思うか、どんなことに響くか、ということを理解することも求められます。相手の心を響かせ、その人を惹き付けて心を動かしていくことが必要になるのです。

伝えて、巻き込んで、盛り上げていくのが今のリーダーシップの主流です。昔のようなヒーロー型のリーダーシップで、万能のリーダーがパワーで引っ張っていくという時代ではなくなっています。これは外資に限らず、日本企業でも同じではないでしょうか。

アニュアルレポートもストーリーで語られている

企業戦略についてもストーリーで語ることが求められている、あるいは、企業戦略はストーリーそのものだと言う人もいます。*2

それは、企業戦略そのものでの差別化が、とても難しくなっているからです。誰もがあっと驚くような戦略は、そうそうできるものではないのです。だから、いかにして戦略をステークホルダーに伝え、共感と支持を得て実行に結び付けていくかが大切になります。

ふと興味を持ち、いくつかの会社のアニュアルレポート（英文）を読んでみました。世界中のステークホルダーにどのような伝え方をしているのか、調べてみようと思ったのです。

手前味噌に聞こえるかもしれませんが、最近までいたGSKのアニュアルレポートには感心しました。数字に関する話の前に、戦略がIPT（Innovation/Performance/Trust）というマントラでわかりやすくまとめられています。ぜひ一度読んでみてください。誰が読んでも、会社が何をしようとしているのかが、興味深く理解できると思います。

＊2：『ストーリーとしての競争戦略』楠木 建著、東洋経済新報社、2010年など。

日本企業の例をあげれば、資生堂とダイキンのアニュアルレポートが、とても良いストーリー仕立てになっていました。ベースが日本ではなく、グローバル共通の価値観というのも印象的でした。

そのほかでは、日本の大手企業のアニュアルレポートが、ストーリーというよりデータブックになっていたり、日本の匠・日本の技といった、「日本」を強調したノスタルジックなストーリー展開になっていたり、というところが気になりました。

ストーリーの大切さを知るためにも、またその会社のコミュニケーション力のレベルを知るためにも、アニュアルレポートや投資家向けビデオはとても参考になると思います。

ストーリーテリングの力は、ある程度は経験に負う部分が大きいと思っています。その意味でも、日本人のハンディキャップは大きいかもしれません。というのも、家庭でも学校でも、コミュニケーション教育をしていないからです。奥ゆかしさを尊び、恥の文化もあります。これからは、もっとコミュニケーションを意識して経験を積んでいったほうがいいと思いますし、これからの世代は変わっていくかもしれないと期待しています。

英語に関する深刻な危機

ストーリーテリング以上に危機感を持ったほうがいいと思うのが、英語の力です。日本人の英語力は、本当に深刻な問題だと思います。というのも、アジアの他の国の人たちが、どんどんしゃべるようになっているからです。今日、英語は「世界語」です。しかし、日本は相変わらずで、相対的なポジションが下がっているのです。

東南アジアをプライベートで旅行していてよく言われるのは、このセリフです。

「あなた、日本人なのに、英語をしゃべるんですね」

めずらしい、と思われるのです。それほど、日本人は英語がしゃべれないというイメージが世界中に広まってしまっている。特にアジアでは顕著です。その結果として何が起きているのかというと、日本は国としてのGDPは大きいけれど、リーダー層の能力は自分たちのほうが上だ、と思われ始めているという残念な事態です。

英語はできるし、勤勉で意欲的で、しかもストーリーテリング能力もある。こんな自信を持つ人たちが、アジアの優秀な若者にはますます増えてくるでしょう。

それに対して、日本人は自信を失ってしまっている。

ときどき思い出したように、英語の必要性がメディアで取り上げられます。その一方で、日本人の大半は英語とは無縁な生活をしているのだから関係ない、という意見を聞いたりもします。しかし私は、今後の世界を考えると、日本人は英語を真剣にマスターしなければ、本当に苦労することになると確信しています。ある程度の年代になってからでも、真剣にやれば驚くほどしゃべれるようになることは、外資でも見てきました。基本的な知識はあるのです。あとは本気でやるかどうかです。

英語に関しては、しゃべれるだけでなく、読めるようにもしておかなければいけません。英語ができないというだけで、得られる情報の範囲が狭まってしまうからです。

理系でよく言われるのは、英語の論文が山のように出ている中で、それを読み込んでいくことは研究においては必須のことだということです。これは文系も同様です。世の中にたくさん出ている情報や文献を取り入れるには、英語力がなければいけない。英語の情報が圧倒的に多いからです。

マーケティングの仕事でも、日本の優れたマーケティング戦略を知っているだけでは不十分です。なぜなら、世界にはもっと多くの、マーケティングのイノベーションがあるからです。

グローバル企業でマーケティングの話をするときに、世界のマーケティング動向を知らなくては話が通じません。日本国内のことを知っているだけでは、話にならないのです。やはり、海外のマーケティングサイトなどを見て、何がホットな話題なのかをキャッチしておかなくてはいけません。日本は特殊、日本が優秀といったバイアスは避けなければなりません。

伝える力・巻き込む力のポイント

①外資系では、コミュニケーションは最重要視される

グローバル企業では、コミュニケーションが企業を支える根幹だと考えている。

②伝える力、巻き込む力が必要な理由

社員は「そこに仕事があるから働く」という人たちばかりではなく、どうしてこの仕事をしなくてはいけないのか、この仕事にどんな意味があるのか、ということをしっかり知りたいのである。そこでストーリーを語れることが重要になる。

③自分のストーリーを面白くするために

自分の言葉で語れるかどうか。それによって説得力は圧倒的に変わる。外国人の、英語が下手でも「聞いて、聞いて、面白いストーリーがあるから」
という姿勢が日本人には欠けている。

終 章

「アカウンタブルに働く力」を実現させるために必要なこと

アカウンタブルに働く力の阻害要因

2つの思い違いと4つの惰性

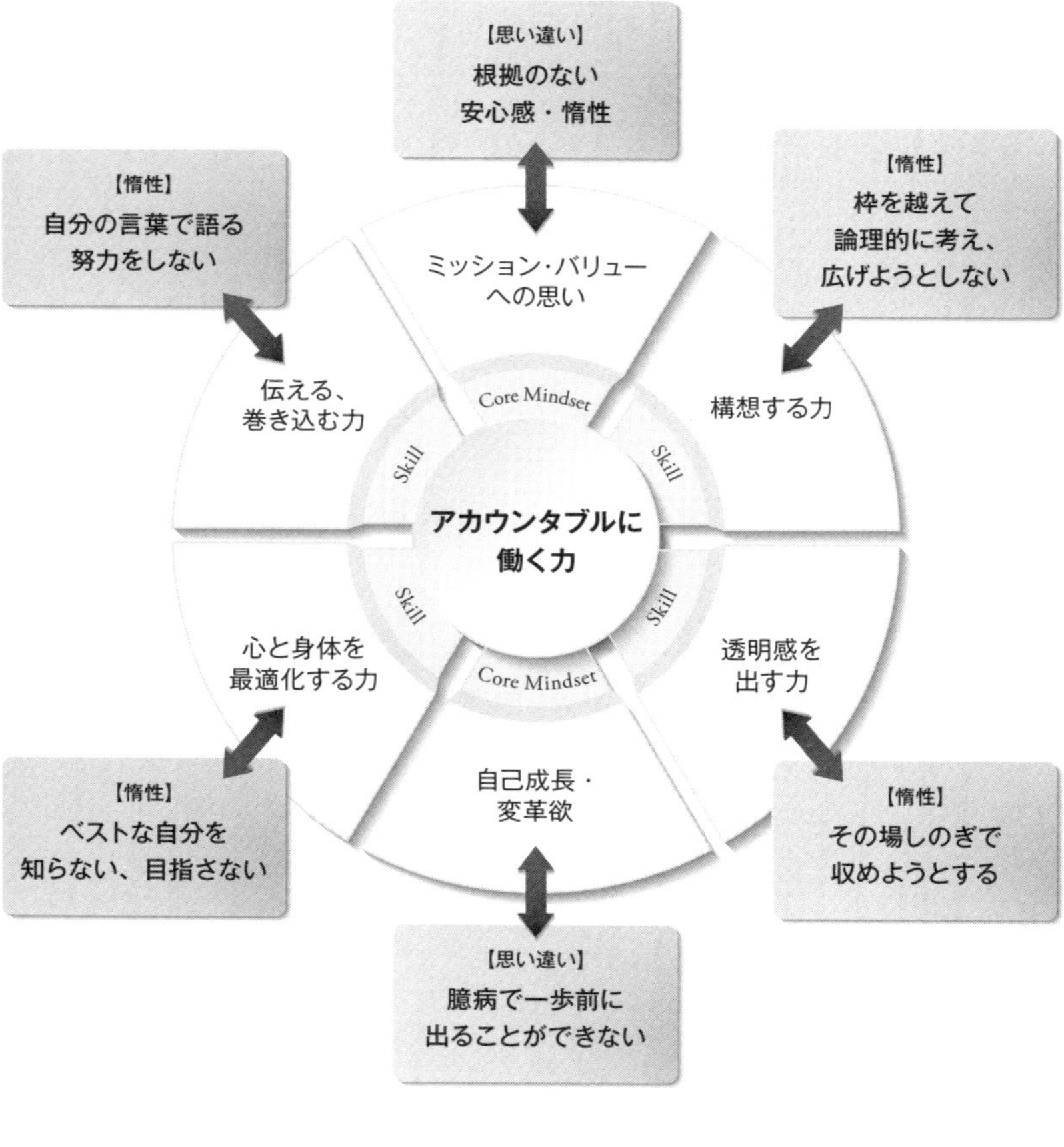

ここまで「アカウンタブルに働く力」を養うための、重要な6つのキーワードを説明してきました。右に、何がアカウンタブルになることを妨げるかを示しました。阻害する要因には、世の中や自分自身についての「思い違い」がまずあると思います。さらに、長年にわたって培われてきた考え方や行動の癖が、「惰性」として染みついているということもあるのではないでしょうか。この終章では、「じゃあどうするのか」ということを考えます。

結論を言えば、新しい行動パターンを自分で作り、その習慣づけを実践していくことに尽きます。つまり、自己評価に基づくオリジナルプログラムが必要なのです。そのための、私が考える6つのアプローチを紹介したいと思います。

1．自分に向き合って考える時間を作る

まずは自己観察です。きちんと自分と向き合って考える時間を作る。

デジタル化で、過去の世代とは比べようのないほど多くの情報に接している半面、今のビジネスパーソンが自分の内面に深く入っていくために時間を使うこと

は、ほとんどありません。それ自体がちょっとダサい、あるいは意味がない、という空気感すらあるようです。

とはいえ、自分ひとりで、ひたすら考え続けるのは難しいでしょう。思考が堂々巡りになり、考えが収れんしていかないかもしれません。

そこで、本質的なことを説く本や、内面を揺さぶられるような本を読むことで、いろいろ刺激を受けながら思考を展開するのがよいと思います。書棚を見つめて、これまで自分がどんな本を読んできたか、どんな本をバイブルにしているか、考えるのもいいかもしれません。自分としっかり向き合おうとするときに必要なのは、「右で持っていたものを左に持ち替えなさい」といったハウツーを教えてくれる本ではありません。

先日インドに行ったとき、あるお寺でインド人の大学生が座って読書をしているのを見かけました。何を読んでいるのかと聞くと、ダライ・ラマの"A Profound Mind"だと教えてくれました。後で読んでみると、この本は仏教の本であると同時に、内的な成長や困難を人生のチャンスにどう変えていくか、ということも説いています。彼は経済学部の学生でしたが、お寺で若者が本を読んでいる姿など、今日の日本で見かけることはまずありませんから、とても新鮮で、インドの若い世代を象徴するようなシーンでした。

本をたくさん読まなければいけないと考える人もいますが、私は必ずしもそうは思いません。多読する必要はなく、自分にとてもフィットするなと感じる本は、時間をおいて何度も繰り返し読む。そして、自分で思ったこと、考えたことを書いてみるのです。そんなふうに、バイブルにして読むような本の使い方は、私はとても大切だと思っています。

日本では近年、アドラーブームが起きていますが、マッキンゼーにいたとき、アドラーの『実践カウンセリング』という本が突然みんなに配られたのをよく覚えています。

そのときは忙しくて疲れ果て、心理学の専門書を読む余裕はまったくなかったので本棚にしまったままになりましたが、数年前、組織や人の話で悩んでいるときにたまたま目について読んでみたら、とても興味深い内容でした。

この手の少し難しい本（最近はとても平易に書かれたアドラー心理学についての本が多くあります）は、読みながら自分なりに考えていくことが大切なのです。著者が何を言おうとしているか、何が本質なのかを考えてみる。そして読んでいて自分の感じたこと、考えたことを書き出してみる。そういうクセをつけることは、生きていくうえでとても意味のあることです。

実のところ、自分を知るには自分に向き合っていくしかないのです。誰も本当の意味で、自分の分析などやってくれない、ということに気づく必要があります。自分自身が自分のエキスパートになるしかない。日本のビジネスパーソンには、自分と向き合い、考える時間が足りなさすぎるのです。

2. ラーニングカルチャーのある場を選ぶ

個人で学んでいくことは大切ですが、働く場のカルチャーも重要です。

私がとても幸運だったと思うのは、これまで働いてきた外資のほとんどで、学びを常に意識する「ラーニングカルチャー」に身を置けたことです。ラーニングカルチャーのある会社には、会社が自分たちに学びの投資をしてくれる、周りにも学ぶ意欲を持っている人が多い、という環境があります。ラーニングカルチャーがあると、組織が淀みにくいとも言えます。

GSKのCEOが、社員を集めたタウンホール・ミーティングでこんなことを語っていたのを覚えています。

「たしかに仕事は忙しい。身を切り刻まれるほどの忙しさはある。だけど何よりも良いのは、本当にいろいろなことが学べることです」

もし、これから会社や職場を選ぶのであれば、ラーニングカルチャーがあるかどうかを一つの選択基準にするべきだと思います。今そういう環境にないのであれば、同好の士とでも言うか、いろいろな情報を交換できる仲間の何人かと普段から交流する、社外の勉強会に参加する、というのも一つの方法でしょう。

3. あえて世界に目を向ける

日本人に関しては近年、とても気になることがあります。それは、「日本ラブ思考」とでも言うべきものです。とにかく日本を礼讃する。外資で働いている人でも、ドメスティック思考に凝り固まっている人がいます。海外留学希望者が減っていると聞きますし、外資でも海外赴任を好まない人が多くなっている。

エンターテインメントでも、国内では「日本もの」が主流になっています。J-POPがもてはやされ、邦画も人気です。

日本はすごい。食べ物がおいしい。自然も空気もきれい。社会が安定している。失業率が低い。治安がいい……。たしかにそうなのですが、これが行き過ぎてしまうと、とても視野の狭い考え方に至ってしまうのではないかと危惧しています。日本人は、日本を案内するのが大好きです。外国人が来たら喜んで案内する。京都に行ったらこんなものがある。こんなおいしいものがある。ここには行ったほうがいい……、といろいろなことを紹介する。

しかし、相手の国への関心はそう高くない。例えば、イギリス人が仕事で来日したとき、イギリスについて興味を持って話をするでしょうか。ブレグジット（BREXIT）や移民問題のような政治の話や自然保護の話など、事前にちゃんと調べて、日本との違いや共通点を探したり、会話の糸口を見つけたりすることに興味を持てるでしょうか。

かつての日本では、アメリカ人のことを「世界のことを知らない田舎者」と揶揄していました。アメリカは広大な国土を持つため、アメリカ人は海外まで目が届かないという意味です。もしかしたら日本人も、別の意味で世界の田舎者になりつつあるのかもしれません。

カルチュラル・インテリジェンス（Cultural Intelligence）[*1]という言葉があります。異なる文化に対する理解力や感度のことです。世界の田舎者になり始めていると言いましたが、今の日本人のカルチュラル・インテリジェンスはあまり高くないと思います。外国人や異国の文化を丁寧に理解しようという意欲が薄れているからです。逆に、世界のほうが日本人を理解してくれ、「気を使ってくれている」と感じることがあります。我々は少し甘えているのかもしれません。

しかし、この傾向を無批判に受け入れているだけでは、どんどん内向きになっていきかねません。日本でいいや、日本がいいや、ということになっていく。

今必要なことは、意識して、あえて世界に目を向けることです。できるだけ、他の世界に接するような工夫をする。英語を勉強するなら、国内の英会話スクールに行くのもいいけれど、ＣＮＮやＢＢＣで世界の情報を知りつつ英語を学ぶ、という方法もあります。

なぜ世界に目を向けるべきなのかといえば、理由は３つあります。

１つは先進的な情報に触れるためです。先にも触れましたが、外資でマーケティングの仕事をするとき、海外のマーケティング事情を知らなければ話ができま

＊１：Cultural Intelligence　Cultural Quotient（CQ）とも呼ばれる。文化を超えて円滑にコミュニケーションをはかり、働いていける力のこと。

せん。日本のマーケティングの話だけでは済まないのです。実際、海外ではビジネスの新しいトライアルやイノベーションがいろいろ起きていて、その数が圧倒的に多いと思います。それを積極的に探しに行くべきです。日本がいちばん進んでいる、というのは昭和の幻想です。

2つ目の理由は、世界の流れの中で日本を理解するためです。世界が密接に絡み合いながら動いていく時代には、大きな世界の潮流を理解しながら日本で起きていることを考える、という俯瞰的な発想が必要です。例えばミドルクラスの消滅とか、格差の問題、地球環境問題、ミレニアル世代、心の病い、高齢化の問題など、世界の動きの中で日本も動いているという感覚が必要です。

そして3つ目は多様性に慣れるためです。多様性に気づくこと、慣れることで、いろいろなものの見方、考え方があることがわかるようになります。そのことで発想が凝り固まることを防ぐのです。

世界に限らず、実は日本も多様なのです。多くの人が思っているほど画一的ではない。問題は、その事実にふたをしているところがあることです。そこに気づけば、目が開かれ、いろいろな発想が生まれるのではないでしょうか。

4．他の人の力を借りる

自分を変えよう、成長しようといっても、自分ひとりでできることには限界があることを、基本的に認識しておいたほうがいいと思います。

だから、自分にインパクトを与えてくれる人、インスパイアしてくれる人、いわば活性剤の役割を果たしてくれそうな人を見つけることが大切になります。フォーマルなコーチやメンターにこだわる必要は必ずしもありませんが、できれば上司以外でそういう人を探す。案外、絆の弱い人から影響を受けることが多い、という話も聞きます。そういう人に出会えるかどうかは、これからのキャリアを大きく左右するでしょう。自分のことを振り返っても、キャリアを通じてそういう人たちとの出会いが成長につながったと思います。そういう人たちからもらう言葉が、大きなインパクトをもって響くこともありました。

例えば、マーケティング・ディレクターをしていたとき、営業のヘッドからこう言われました。

「君は一見、頭が良さそうだけれど、君がやっていることは単に情報をタテヨコで整理しているだけだ。そこにはクリエイティビティはない」

厳しい言葉でしたが、それが現実なのだと奮い立ちました。またある会社では、グローバルの女性コーチから、タクシーの中でこう言われました。

「あのね、あなたは変わらなきゃダメなの」

なぜ彼女がそう言ったのか、真意は今もわかりません。ショックでしたが、ゾクゾクした経験でもありました。

じっと待っていても、そういう人に出会えるわけではありません。この人はと思える人がいたら、自分から近づいていく。あるいは、偶然の出会いに期待して、いろいろなところに出かけてみる。たまたま参加したイベントで幸運にも一流の人に接し、その人の全体から感じられるものにインスパイアされるということもあります。

また、リバースメンタリング[*2]という方法もあります。ある領域については若い人のほうが詳しかったりする。そこで、若い人が年配の人のメンターになるのです。そういう広い視野で周りを見ることも大切です。

学べるのはビジネスに関わる人たちばかりではありません。スポーツ科学をビジネスに応用した例を先述しましたが、経験的にもいろいろな分野の先生から学べることは多くあります。もちろん、それには受け取る側に多少の想像力、応用

＊2：Reverse Mentoring　若い社員がベテラン社員のメンターになる組み合わせで、双方にメリットが大きいとされる。

力が必要ですが。

例えば、私は趣味でトランペットを吹くのですが、これは非常に難しい楽器です。不必要な力を抜き、良い音色を効率よく出せと先生に言われます。こういうとき、「ビジネスも同じだな」と痛感するのです。水泳などでも同じです、力んでバタバタと泳ぐ人は、見ていても苦しそうで、なかなか前に進みません。こういうふうに考えると、いろいろな「先生」から学ぶことができます。

何かを教わろうとするとき、相手にどうお願いすればいいのか、と悩む人もいるようです。ちゃんと相手にしてくれるだろうかとか、忙しいから申し訳ない、そんなお願いができる立場にないとか……。しかし、人間は根本的には、教えたり、導いたりするのが好きなのです。また、人に教えることは、本人にも大きな学びとなることは間違いありません。

私自身もこれまでメンターやコーチを企業内でやってきましたが、たしかに時間的な負担はありますが、それを上回る喜びと学びがあったことを覚えています。

信頼関係とオープンな接し方がとても重要です。そういう人がいたら、思い切って門をたたくことはやる価値があると思います。逆に、自分が誰かのためにそういう役割を引き受けることも、ぜひやってみるとよいと思います。

5. デフォルトを壊す

残念なことですが、過去の成功パターンや思い込みに固執してしまって、そこから抜け出せない人がいます。

本人がそんな状態にあると、メンターやコーチをつけてもうまくいかないでしょう。厳しいようですが、オープンさ、素直さのない人は、変わりようがありません。そうなると当然、成長も難しくなります。

頑固であることがどれだけ自分にダメージを与えるか、認識しておかなくてはなりません。若さゆえの頑固さも問題ですが、年を取ってからの頑固さはなおさら厄介です。

こういう場合の薬は、カジュアルさ、気軽さです。「ユーモアこそ最高の薬、真面目に考えすぎるな」とある本[*3]にありました。

このメッセージは単純なようで、自己変革にとって深い意味があります。つま

＊3：“Leadership it's in your DNA”（Rhea Duttagupta）

り、人が変わろうとするときには、“Self-Depreciation”（自分はたいしたものではない）という自覚と、“Self-Empowerment”（自分はできる）という意欲の、2つの意識の組み合わせが大切だということです。

グローバル企業では、笑いやユーモアのセンスはとても大切です。そこで緊張が解けてオープンな雰囲気が生まれるからです。日本人に少し足りないところかもしれません。

こういう、少し〝ライトなマインドセット〟があれば、自分のデフォルトにこだわらず、新しいものを取り入れていこうという気になります。

外資はフィードバックを重視すると書きましたが、フィードバックにおいてもこのマインドは重要です。真面目に考えすぎないことです。ときには厳しいフィードバックがあるかもしれませんが、それを笑い飛ばして受け入れ、新しい自分の成功パターンを作るきっかけにすればよいのです。

時として鈍感になる力も必要なのです。

6. 幸福感を高めることが最優先

「仕事での成功が幸福を生むのではない。むしろ幸福感を高めることで仕事も成功する」

多くの人が、仕事で成功を手に入れることが幸福をつかむ道であると考えています。しかし、本当はそうではないと思うのです。順番が違うのです。幸福感を高めることができた人が、仕事もうまくいくのではないかと私は思います。

それこそ、幸せそうな人の周りには人が集まります。ワーカホリックは褒められたことではありませんが、"Flourish at Work"（夢中になって仕事をする）は良いことだと感じている人は、少なくないのではないでしょうか。

実際、うまくいっている人というのは、職場で輝いていたり、キラキラしているように見えます。そういう人たちが結果も出しているのではないでしょうか。

幸福感を手に入れるためには、自分の思うようなポジションや報酬がなければいけない、と考える人もいます。そういうものがないと輝けないというわけです。しかし、それでは幸福感を手に入れられず、結果も手に入れられません。

幸福感が高い人は、エネルギーレベルも高くなります。同じことを言っていても、人への伝わり方が違います。言葉そのものだけでなく、言葉のトーン、身振り手振りなどの非言語コミュニケーションでも大きな差が出ます。

だから、自分を肯定的に捉え、幸福感をしっかり自分の中で高めていくような工夫をすることが肝要になります。もし成功志向の罠にはまりそうになったら、一度立ち止まることです。

おわりに

長年外資での経営に携わってきて、人というのがやはり究極の課題であると、身に沁みて感じていました、また、日本人と外国の人の働き方の違いについて、考える機会も多々ありました。そして、会社を離れてからいろいろな人と話をして、グローバル化の中で日本人がどう働いていくか、次世代のグローバル人材に求められることは何か、ということが大きな社会テーマであると感じました。

本書を書き始めた頃、世界のフラット化を見事に喝破したトーマス・フリードマンが、あるインタビューの中で気になることを言いました。

「テクノロジーの進化に伴う世の中の変化はまだほんの始まったばかりで、これから世界は大きく変わる。その中で人を分ける（分水嶺）のは、かつてのデジタルへの適応力（digital divide）ではなく、Self-motivation divide（自分で自分を高める、学び続ける気概）だ」

これは、日本にも当てはまる警句、あるいは日本人にこそ当てはまる警句かもしれません。私が感じた危機感にも通じるのです。

もちろん、グローバル企業には、日本企業と比べてネガティブな面も多々あります。本書では意図的にポジティブな面に光を当てています。そのことで、外資という日本における「周辺の環境」から何が見えてくるのか、解き明かしたかったのです。また、グローバル企業での私の個人的な体験がベースになってはいますが、グローバル企業における人やリーダーシップに関する研究や知見も紹介させてもらいました。

本書は外資を舞台にしてはいますが、必ずしも外資で働く人だけに向けた話ではありません。今後〝外資化する〟ことが予想される日本企業で働く方にも参考になれば幸いです。

また、次代を担う若いビジネスパーソンを意識しつつも、実は40代、50代の人にも読んでほしいと考えました。今世界で起きていることへの敏感なセンサー、激しいアラーム、そして変革するエネルギーさえあれば、人はいつでも変化に対応できると思います。

日本はとても豊かな国です。こういう国に生まれたことだけでも、実は幸せなことです。世界には過酷な環境下で必死に暮らし、なんとかはい上がろうとしている人が大勢います。だから、日本に生まれた幸運をプラスに使ったほうがいいと信じます。

最後になりましたが、本書を出版するにあたっては、ダイヤモンド社書籍編集局第一編集部の木山政行さん、ブックライターの上阪徹さんと、興味深い議論を重ねながら作業を進めました。この場を借りて感謝申し上げます。

2019年11月

宮原伸生

［著者］
宮原伸生（みやはら・のぶお）
1959年福岡県生まれ。東京大学教養学科人文地理分科卒業、米国UCLAアンダーソンスクールオブマネジメント修士課程修了。博報堂、マッキンゼー＆カンパニーなどを経て、Moet-Hennesy Diageo（現）マーケティングディレクター、Kellogg Japan社長、GSK Consumer Healthcare Japan/Korea社長。現在はビジネスコーチとして人材育成に従事。専門は消費財マーケティング、組織開発、人材/リーダーシップ育成。

外資系で自分らしく働ける人に一番大切なこと
——成長を実感できる「アカウンタブルに働く力」

2019年11月27日　第1刷発行

著　者——宮原伸生
発行所——ダイヤモンド社
〒150-8409　東京都渋谷区神宮前6-12-17
http://www.diamond.co.jp/
電話／03･5778･7232（編集）　03･5778･7240（販売）
装丁————小口翔平＋山之口正和（tobufune）
本文デザイン—岸和泉
ＤＴＰ———中西成嘉
編集協力——上阪徹
製作進行——ダイヤモンド・グラフィック社
印刷————八光印刷（本文）・加藤文明社（カバー）
製本————川島製本所
編集担当——木山政行

ISBN 978-4-478-10893-2